淡いた今だけ
優しなつくに
ちえし

シリーズ人権マインド（1）

家族カウンセリングから学ぶ

人権マインド

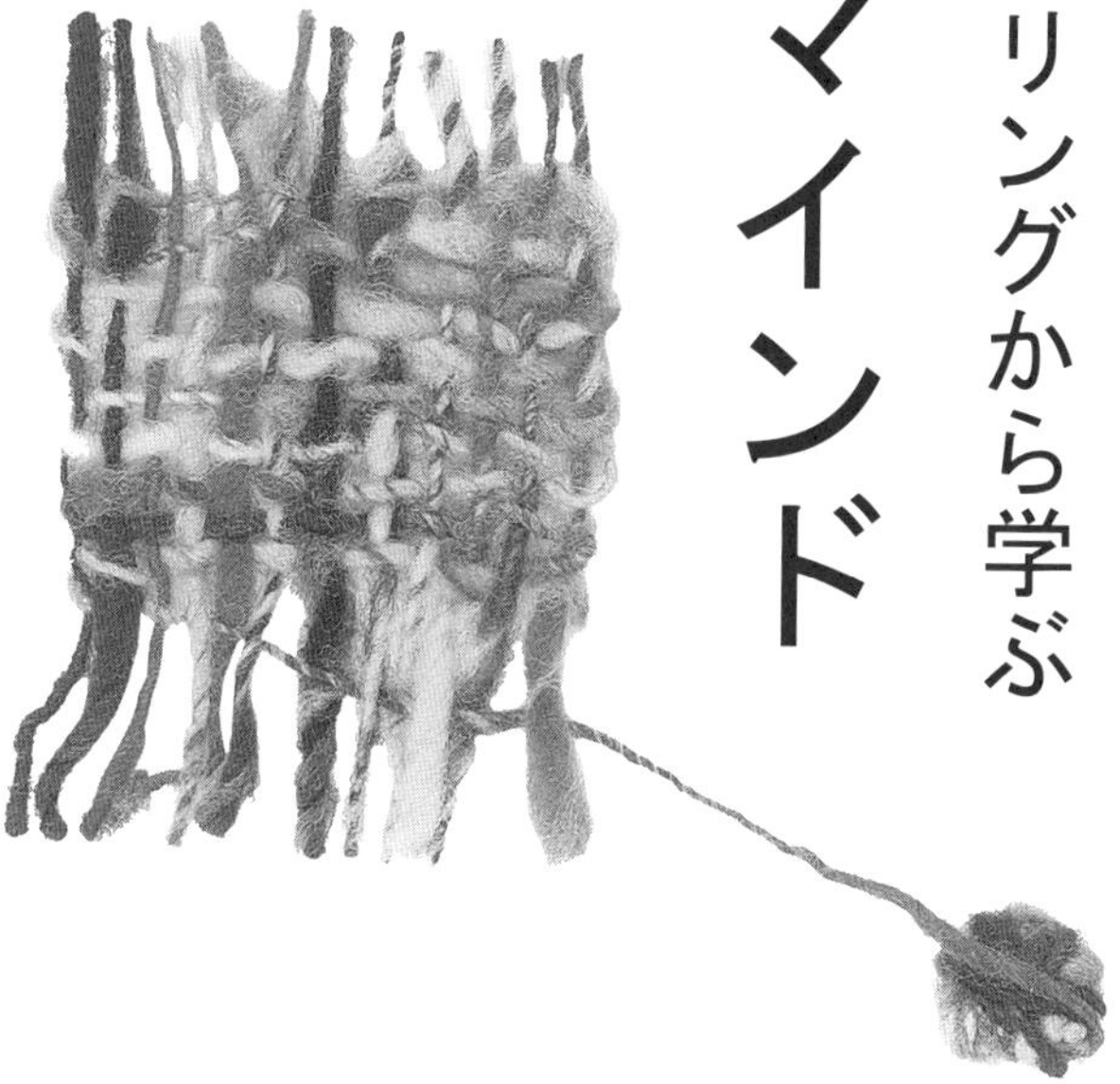

富田　富士也

北　水

絵　三木　令子

装幀　片山真由美

目次

第二章　ファミリーカウンセリングに学ぶ　つむぎあう人権マインドQ&A

〔はじめに〕人権マインドは悲喜こもごもの人間関係に宿る

また、切なく悲しい事件が長崎で起きました。中学一年、十二歳の男の子が四歳の男の子を誘拐し、立体駐車場から突き落とし、死なせたのです。「子どもは親の背を見て育つ」と言われますが、私達は日常生活の中で、命の尊さをどのような形で子ども達を巻き込みながら継承してきたでしょうか。

教育・心理カウンセラーとして家族・親子の相談活動を続ける私にとって、人権とは人間関係そのものです。

そして「人間は存在するだけで尊い」(カウンセリングでは自己肯定感と言いますが、自尊感情、自己有用感と同じ意味を持ちます）という人権思想の原点（人権マインド）が、そこには貫かれていなければなりません。

それは人には「生きる権利」があり、「生き続ける義務」も合わせ持っているということです。

なぜなら人はひとりでは生きていけません。それほど孤独に強くもありません。だから、その孤独から解放されるために、最小単位として家族・親子を形成するのではないでしょうか。

それゆえ、家族間の人間関係が、人権マインドの基本になると私は思います。常に変化する人間関係のよりどころとして人権マインドは私達の文化を創造するうえで共有財産とも言えます。

ところが、そのマインドが最も期待されるはずの家族関係の中に根をおろしていないように、私は臨床現場から実感するのです。

子どもの家庭内暴力の前に、親による有形無形の家庭内における横暴さが目につきます。それは、子どもへのしつけとか愛のムチといった、親子関係に名をかりた人権侵害とも言えます。

百歩譲って親の愛だとしても、子を想う親の思いの深さが押しの強さになるのです。

その境目に気づき合う人間関係が都市型社会の形成と共に希薄化していることも人権マインドの形骸化につながっていると思います。

自分がされて不快なことは他者にもしない、という互いの存在を尊重し合い、育てていく人間関係に次から次へと〝人権法〟（たとえば虐待防止法など）を策定し〝介入〟していかなければならない私達の社会は、やむを得ないとはいえ、誠に人権マインドの学びを生かせない寂しい社会とも言えます。

だから、制度とシステムを充実させていくだけでは人権尊重の根本的解決にはならないのです。

自分達の人間関係作りの構築をただ裁判所にまかせるだけで満足していてはいけないのです。私達は刻々と、とどまることなく自らの変化する人間関係作りを眠らせることなく起こして検証し問いかけていく営みが大切だと思います。

私はあの人この人とどんな人間関係をつむぎ合ってきたのだろうか。いや、つむぎ合いたいのか。つむぎ合おうとしているのだろうか。

この問いかけこそ、人権マインドを高めていくきっかけとなり、また決めつけることなく、あきらめることなく、さらなる人間関係をつむぎ合う支えにもなるのです。

その生活実践のベースが家族の人間関係にあると思います。

人権を人が生きる権利だとしたら、そのマインドは家族の悲喜こもごもから発信、啓発すべきではないでしょうか。

私が人権問題と家族カウンセリングについて、強く意識するきっかけとなり相談活動に私なりの幅を広げることになったA子さんについて少しふれてみたいと思います。

被差別部落に育ったA子さん（五十一歳）は、幼い頃から両親に「人に迷惑をかけるな」「後ろ指を指されるようなことはするな」と厳しく言われて育ったようです。

そして、真面目で実直な父親がいろいろな意味を込めて口癖のようにA子さんに言っていたのは、他人から「やっぱりあそこの家の子どもだから…と言われたくはない」という願いにも近い言葉だったと言います。
私の母も五人の子どもがいた父のところに再婚で嫁いできました。そして私が生まれました。

母親は何かにつけ世間の人から「やっぱりママ母だから自分の子がかわいいんだろう…と言われたくない」と、私にだけもらしつつ厳しく育てたと思います。

さてA子さんは、その周辺ではまだ高校へ進む子の少なかった中で育ち、「できる子」として進学したそうです。彼女は学習する中で人権や人間解放にもふれ、いろいろな矛盾に気づいていったのです。

その後、結婚し、子どもも生まれたA子さんは、夫との生活の中でも「そのままの自分を大切にする」(自己肯定感)ことにこだわったというより真剣であろうとしたと言います。これが人権マインドの生活化です。

人を見下したり、人に媚《こ》びを売るような生き方はしたくないと、自分の心と向きあい続けてきました。それは人と人を比較し差別し、自分を優位な立場に置こうとする人間の愚かさへの闘いでもあったと思います。

夫は、出産時のアクシデントから手が周りの人よりも小さかったと言います。そのためか、いつも服の袖で隠すようにしていたようです。ある時わが子が、その姿を見て夫の手にふれようとしました。すると夫は、すばやく子の手を払い、やはり隠しました。A子さんは夫に問い返しました。

「なぜ隠すのか。それは自分を捨てることではないのか」と。

夫はA子さんと共に〝解放の道〟に学びを得ていった方でした。そして夫は十年前に若くして亡くなったのです。互いに尊重しながら歩んできた夫婦だったと思います。

A子さんは夫亡き後、長男の子育てに必死になりました。それと同時に夫の心を思えば思うほど「いい嫁」であろうとしたようです。

わが子にも「いい子」を強いていたのでしょうか。いつの間にか〝完璧な家族〟にA子さんはとらわれていたのです。

思いが伝わらない周囲へのもどかしさに、A子さんは疲れていきました。そんなある日、いつしかわが子に言っていたひとつの言葉を思い出したのです。

「人並みの努力じゃダメなのよ」

その瞬間、A子さんはアッとたじろいだと言います。その言葉は幼い頃、両親がいつもA子さんに言っていた言葉だったのです。

擦り込まれてきた「人並み」という言葉の差別性に気づけたA子さんは、子どもや自分の人生まで自己否定するところだったと言います。

自己肯定できずに自己否定の人間関係をかさねていくと、どうしても人と人を比較したり選り好みの人間関係を作り始めます。

そして弱者を探し出し、自分を優位な位置にすえて高みの見物的振る舞いをしがちです。ここに差別の芽が育ち始めていきます。

だから人間関係があるかぎり、人の心の脆さとして差別心や人権侵害に無関心であってはいけないのです。

それゆえ、「寝た子（差別心）をわざわざ起こさないように」と振る舞うことなく、自己否定におびえ、心に鎧をつけ〝癖〟になるほど防衛的に人と接してしまう自分を、格好つけないで正直に語ることです。

自分の人間関係作りを語ることで、人は改めてその人権マインドを掘り起こし解放されていくことを、私はA子さんから学んだのです。

人とつむぎ合い、命を継承するとはこのことだと知りました。

繰り返しになりますが、人権マインドの基本をシンプルに表現すれば、自分が他者からされて不快なことは他者にしないということではないでしょうか。

またうれしかったり、安堵感を持つことができたら「優しさ」として他者にお返ししていくことだと思います。

それは私達が、日常生活を平和に暮らしていくためのカウンセンリングマインドでもあります。人権感覚を高め、人権マインドを身につけようとしたら、このコミュニケーションに磨きをかけることです。

そしてこの繰り返しの努力こそが、自らの差別性（人間関係の歪《ゆが》み）と向き合うことなるのではないでしょうか。

私にとって「基本的人権の尊重」とは尽きることなく生起する人間関係上の歪《ゆが》みを封じ込めたりすることなく、歪《ゆが》みとして、まず、その存在、有り様を〝肯定〟（認知）し検証したうえで、不快を優しさに変化させていく営みを大切にしていくことだと思います。

肯定とは歪《ゆが》みを認めるとか、投げやりにするという意味ではなく、あきらかにするということです。

人権マインドとは、平たく言えば人間関係のマナーとも言えるでしょう。

ところが先述したように、人との生身の絡み合いが希薄（リアリティーのないバーチャルな関係）な環境の中で育っていると、この対人関係のほどよい距離をつかんで人との輪を広げていく感覚が錆びついてしまいます。ふれあい、親しみ、愛着、かまう、照れ隠し、からかい、いじめの境目がつかめなくなってしまうのです。

つまり、相手が不快感を何らかの形で表現してくれたり、自分自身で察することができたら、しばらくはそのふれあい方を〝遠慮〟して自己の内面と向き合ってみるというつむぎ合い方が不自由になってしまうのです。

だから頭で口で、いくら人権尊重を考えたり語っていても、生身のふれあいがリアリティー（現実感）をもって身辺に迫ってくると、いくらでも〝人権侵害〟を起こしてしまう可能性があるのです。

成績優秀で、家庭でもクラスでも「不快感を持ったことがない」というB子さん（中二）が相談室を訪れました。彼女は今「優しさ」について悩んでいます。

「誰からも不快だな、と思うようなことをされたことがないのですか」

私は不思議そうにB子さんに問いかけました。

「不快ってどのような感情ですか」

B子さんは別に気負うわけでもなく素直に私に尋ねてくれました。

「不快って、腹が立ったり、いらついたり、抵抗感だね」

するとB子さんが冷静にこう答えてくれました。

「どうして腹が立つのですか。私は腹が立つ前にそのことを相手に伝えるようにしています。すると相手も納得してくれるので、私には不快はありません」

相手がB子さんの「優秀さ」に押し切られ、合わせているのでしょう。

彼女は周りの人間関係を自分中心にコントロールしていることに気づいていないようです。

結果、絡み合っているようで絡み合っていないのです。

「寂しい気持ちになったりしないの」

何か拍子抜けしたような私の質問にも、

「そんなこと感じたこともありません。別に寂しいという気持ちを持つほど他人に期待していないから」

「期待」を「関心」に置き換えて尋ねてみました。

「人に対する関心を押し殺しているんだね。それじゃ、心は冷めてしまうよね」

私はB子さんの〝反発〟をひそかに期待していました。

彼女は改まる感じで言いました。

「デブな子にデブと言ってなぜ悪いのですか。正しいでしょう。デブが嫌ならもっと自己管理すればいいでしょ。

どうしてそんな私をみんなは優しくない子と言うのでしょうか」

開き直りで言っているとも思えないから、悩みは深刻です。

そしてB子さんは〝ハブ〟にする（仲間外れにする）クラスメートを〝人権侵害〟と担任に訴えているのです。

わき起こる感情をひとりで整理できてしまうほど、絡み合いの少ない日常を続けていると、その人間関係の歪《ゆが》みすら認識できないほどに人の心に鈍感になってしまうのです。

人と絡み合う、つむぎ合う日常が希薄だと孤立感を招き、自己肯定感を喪失していくため、自己否定的になりストレスは高まります。

弱音を吐いたり愚痴を言えたり、甘えることができなくなると独り善がりになり、人権マインドが錆びついて自分では気づけないほどに人権侵害を呼び込んでいることもあるのです。

そのような意味からも弱音を吐けない、吐かない、とかく「いい子」「いい人」には「甘えてもいいんです」と私はつぶやきたいのです。それでも人と絡み合う、つむぎ合うことに傷つく怖れを抱いて独り善がりになりがちな子には「甘える権利」があるんだよ、とまで言ってあげてしまいます。人に甘える（自分の心を素直にしておまかせにしてみる）ことも人権マインドを高めるコツなのです。

改めて人権とは人権マインドとは、人との絡み合いの中で目覚めていくことだと私は思います。その原点が親子、家族関係にあるにも関わらず、私の相談室を訪れる人達は、そのコミュニケーションが不全状態にあり、つむぎ合うことがイメージできないでいるのです。

私は年に何度か高知県を訪れていますが、こんな忘れられない歌との出会いがありました。

私をつむぐ

作詞　澳本多丸
作曲　中野　恵

竹をつむぐ手は　いつもささくれていた
そんな部落《ふるさと》の　父と母の手
あかごをあやす手に　涙が落ちる
そんな部落《ふるさと》の暮らしのなかで
父と母が　教えてくれました
人として愛すことを

今日から　私はつむぎます
私が私であるために

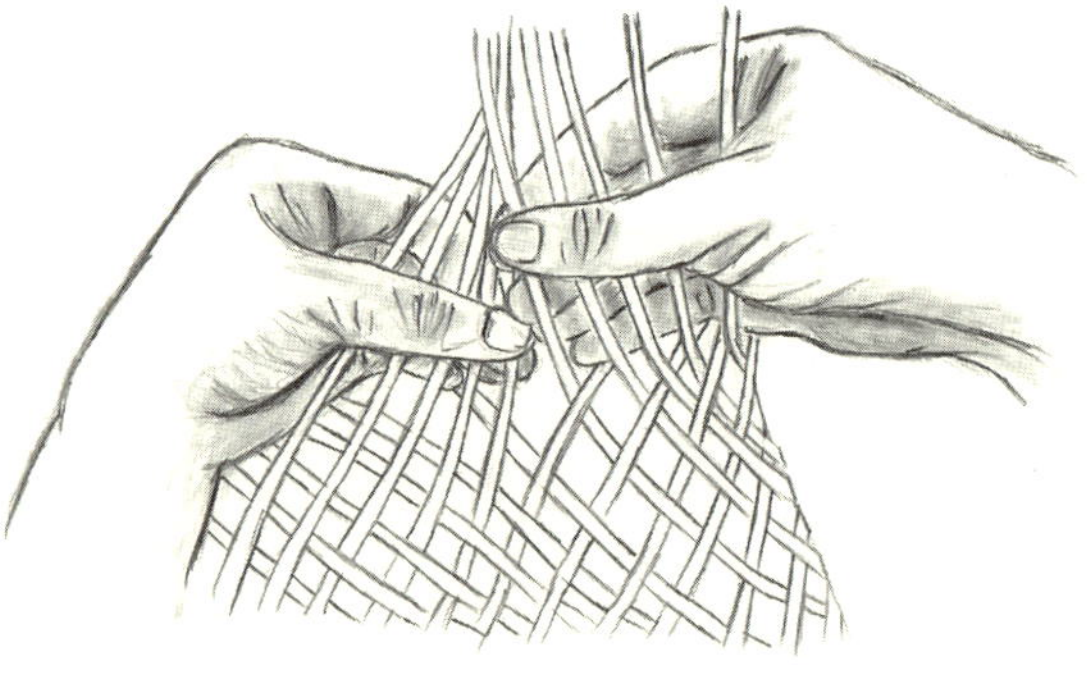

明日《あす》をつむぐ手は　大きな輪となって
この時代《とき》をはぐくみながら
そしていま私に　微笑みかける
そんな日々の暮らしのなかで
部落《ふるさと》が教えてくれました
人として生きることを

今日から　私はつむぎます
私が私であるために

今日から　私はつむぎます
よき日が明日《あした》であるために

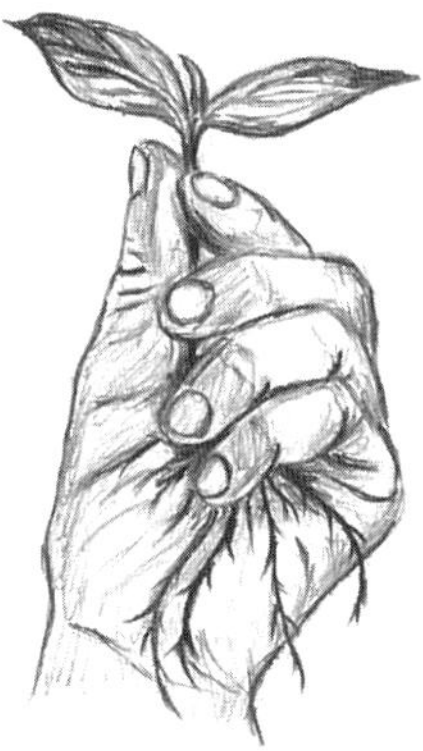

私は「つむぐ」という言葉が、この歌を聴いた日から、とても好きになりました。みなさんは夫と、妻と、わが子と、どんな人間関係をつむぎ合っていますか。これから、どんな人間関係をつむぎ合おうとしていますか、つむぎ合いたいですか。

私にとって「つむぐ」とは、あきらめない関わりというイメージです。

この歌は、高知県土佐市の街で、竹細工作りで生計をたてていた西村の〝お婆ちゃん〟の歌です。かって、西村さんが初めてわが子を授かった時の子育ての話を、村の女子高校生や児童館の職員が聞き、その話にいたく感動して生まれた村の歌です。

若かりし頃の西村さんが、わが子のおむつを替えたりお風呂に入れたり、あやす時、その子の肌に手がふれると「ギャー」と火がついたように泣きだし、身体をエビ反りにするのです。母親が子どもの肌にふれて、なぜ子どもが「ギャー」と泣くのだろうと、西村さんは思わず首をかしげました。

そしてふと自分の手を見ると、竹細工でささくれていたのです。「ああ、これなんだ。他のお母さんのようにやわらかい手で育ててあげたいな」と思っても、その時の西村さんは、この手で生きていくしかない。すると「この手が私なんだ、この子の母親は私なんだ」と思うと、改めて、そのささくれた手でわが子を抱きしめたのです。

「ごめんな、許してな、母ちゃん、やわらかい手で育てられなくて…」

泣き叫ぶ子をささくれた手でしっかりと抱きしめながら、涙ながらに子育てをしてきた西村さんでした。

私は歌詞の中で「私はつむぎます　私が私であるために」というところに励まされます。まさに自己肯定感、人権マインドそのものです。私は開き直りではなく「自分は存在するだけで尊い」と思えた人間関係を「還《かえ》る家」と表現しています。

これは現実の中に還《かえ》る家はあるという意味であり、もちろん建物ではなく心です。そして心とは関係の中に存在するのです。そして還《かえ》る家の当事者は「この私」であり「あなた」なのです。人は人との関わりを通して「だいじょうぶ、うん、だいじょうぶだよ」と自分に問い直して歩んでいるのです。

西村さんのこの歌を聞いて、宮城県石巻市の女性保育士の方が、こんな感想を寄せてくれました。

ザラザラした手で、私の顔にクリームを塗ってくれた母の手。（子どもの頃）毎晩、尺八を吹いていたグローブのような父の手。

でも、母はそのザラザラした手をしなやかに動かして、頼まれた人々の着物を縫って喜ばれていました。

父はグローブのようなその手で、自然を相手に塩田で天然の塩をつくる職人でした。

母も父も、とてもしなやかな手を持っていました。

私が保母になったある日、子どもから「せんせいのて、おおきくてグローブのようだ」と言われ、ハッとして自分の手を見つめてしまいました。

親譲りで、まったく指輪など似合わない〝ゴツイ手〟ですが、なぜか、生きることに自信の持てる手です。

母と父の手は、私の還《かえ》る家のひとつになっています。

時々、自分の手を見つめては、なぜか、いとおしくなる時があります。（今は亡き父母です）

私は小・中・高校生にも人権啓発講演のひとつとして「還《かえ》る家」のお話をする機会を、教育委員会の人権担当、養護教諭、教育相談の先生、ＰＴＡの方々の依頼でいただいています。特に親子関係、教師と先生の関係を改めて見つめてみようという感じで開いてくれます。

そして毎回、講演が終わったすぐ後に子ども達にアンケートを書いてもらっています。

「私をつむぐ」を聴いた中学三年生男子の一文です。

◎還《かえ》る家について……日常生活の中で、いろんな事がある。そのいろんな事を抱えて人は生きていかなくちゃならない。講演で富田さんの言っていた「還《かえ》る家」というのは、まさにそのいろんな出来事をその家でベラベラ言えて、心の安心を求めることのできるところだと思う。自分の気持ちを素直に伝えることのできる場所、もしくは人というのが、富田さんの言いたかった還《かえ》ることのできる家だと思う。

そして自分もそうなんだなって、少しわかったような気がした。でも、そんな家のない人達は孤独である。人はひとりでは生きていけない。そんなことを聞いていたら、本当にそうだなって思う。みんな、確かに自分のことを知っていてくれる人がほしいもんだ。自分だって、孤立していた時はある。その孤独感といったら、ふつーじゃないもんだ。だからひとりで悩んでいるような奴がいたら、話をきいてやるのもいいもんかなって、思ったりした。

◎ささくればあちゃんの話を聞いて、ふと思ったのが、うらやましいである。自分自身を見つめて、それでもその手で子どもを抱いてやることのできる人が、何となくうらやましく思える。自分のいやなところを認めてやるなんて、悪くもなく、よくもなく、**難しいことだ。でも自分は試してみたい。自分を肯定してやろうと。**

人間関係の希薄化はその歪《ゆが》みすら認識できないほどに、人権マインドの鈍化につながります。

本書に登場する一人ひとりの方は、家族という一番抜き差しならない、逃げられない関係の中から人権マインドに目覚めることで「つむぎ合う」心を獲得されていきました。私もその学びに励まされました。

人権を水や空気と同じように「倶会一処《くえいっしょ》」(共生) に大切にされることを願って本書の「はじめに」とさせていただきます。

家族カウンセリングから学ぶ

人権マインド

第一章　思いを聴いてこそ人権

1.「誰にも言わないでね、お母さん　そのうちに学校へ行くからね」

自分の存在を身近な人間関係の中で肯定できないと、他者を否定して自分を優位な立場に引きあげる。これが差別だと私は思います。

だから自信ありげにみえて、心はコンプレックスのかたまりになっています。それが不自由な心（防衛）となって他者の生きる権利を時に侵害してしまいます。

その持てあました心が、ストレスとなって人間関係の歪《ゆが》みを生みます。

だから、自己を肯定できる等身大の自分を取り戻すためには、他者に対して強がっている、自分の心を素直に語ることです。

人権感覚はこのような絡み合いの中で育ちます。

人間関係を紡ぎあいたいと願う心に人権マインドが宿っているのです。

心に余裕のない時に、問い詰められるような言い方をされると、いくらただごとではない関係の親子と言えども、弱点を突かれた恨みの感情は抑えきれません。しかし不思議なことに、わずかでもこちらの行き詰まった気持ちを汲んでもらえると「分かり合えた」という安堵感が謙虚さを呼び起こし、相手の健気さが見え、生きる生活空間を取り戻したことになります。

この瞬間、人は互いの関係の有り様を肯定的に見つめ、先への希望を抱いていきます。四方八方から、常に緊張を強いられる人間関係にあっては、自分の弱点を相手から守る（自己防衛）ことだけに疲れきって、謙虚な気持ちが苦界から頭を出すことは少なくなってしまいます。

心は解放されず、状況によっては〝人権侵害〟と叫んでみたくもなります。

だから、すっと息抜きできたその時こそが、「自分にも優しい気持ちがあった」と素直に気づけるチャンスなのです。

◆

「俺を見放すのか」

「見放すんじゃないのよ。見守っているのよ」

自宅での「三者面談」ということで家庭訪問に訪れた担任が帰った直後、中学一年生から不登校を繰り返しているA男君（中三）は母親に怒りの感情をぶつけました。

しかし、その日の母親は、これまでとは違ってひるみませんでした。

なぜなら、A男君の本心を信じきることができたからです。

それは「ただ言ってみたかっただけ」なのに、そのことを一つひとつ取り上げては対応し、親子関係をこじらせてきた「親の愚かさ」に気づけたからです。

彼は旧家の「跡取り」として誕生後、期待されて育ちました。

父親も同じで、長男として周りからかわいがられ、家の手伝いなどした覚えはほとんどなく、「勉強ばかりして」国立大学を卒業しました。

一年間は民間企業に勤め、地縁・血縁の「しがらみに抵抗」しましたが、父親の死を切っ掛けに母親に「口説かれ」、地元の市役所に皮肉にも抵抗したしがらみもあって「楽々」採用されました。

それからは、常に周囲の注目の中、「エリート公務員」として昇進し、四十歳代で筆頭部長にまでなっていました。

「夫は家事にも育児にもあまり参加しませんでした。A男が近寄っても気が向いた時だけ相手をするといった感じで、ほとんどは『うるさい』とか『お前がみてやれ』と言われました。私は自分の父がしてくれたような、子どもを膝の間に入れて抱いている夫の姿をみたことがありませんでした」

A男君の母親は、精神的にも夫を頼ることができず孤独な中で、さらに義父母にも気を使い子育てをしていたと言います。

小さい頃から、Ａ男君は「天狗にならなければいいが…」と母親が思うほど、成績にも恵まれました。「できるが、それ以上は伸びない」弟に比べて、Ａ男君の机の上には父親から与えられた「ごほうび」が、いつもあふれるほど「無造作」に置かれていました。

ところが、小学五年生あたりから私立中学への進学を意識するようになると、Ａ男君は「成績を気にする子」に変わっていきました。

コンプレックスでもある劣等感は、差別心との出会いでもあります。

「けっして落ち込むほどの成績ではないのに『よくない』と、あの子はいつも口癖にして言うようになったのです。私はそんな言葉を夫や祖父母に聞かれるのがつらくて、打ち消すように『そんなことはないよ。よくがんばっているじゃないの』と返していたんです。

実際、私は悪い点数とは思いませんでした。

でも、あの子が気にしていたのは、成績というよりも友達のことだったんです。これまで見下していたような友達が、自分より優れていく様がゆるせなかったようなのです。

あの子の成績は落ちていなくても、他の子の力がついてゆくことが耐えられなかったのです。

これを知った時、私はショックでした。心配していた〝天狗〟が本当になっていく恐さでした。私は勉強のことより、その心を変えてあげたくて、小六になってから近くの教会に〝強制的〟に二人で出掛けるようにしたのです。

落ち着いて考えれば、私の心の方がどうかしていますよね。夫や祖母は反対でした。でもあの子は教会に行くと『ボーッとできる』と喜んでいました。私はその時のあの子を見て『これでいいんだ』と自分に言い聞かせていました」

◆

母親は、A男君の「心を守りたい」と願い続けて教会に通いました。それは、等身大に生きてきたA男君の素直さを、教会という平等な空間で保護しておきたかったのかもしれません。

一方、父親は「勉強がもっとできればアイツも自信がついて、心にも余裕が生まれる」と母親の不安に返事をしていました。

そして、ドリルを大量に買ってくると、A男君につきっ切りになり「ドリルさえやっていればそれでいい。わかっていようがいまいが、とにかく終わらせればいいんだ」と〝詰め寄る〟毎日だったと言います。

A男君は、父親の目を盗んではファミコンに夢中になっていました。

母親は、それが「あの子の唯一の息抜き」と認めていました。急に、首や肩を激しく動かす行為も、ファミコンに集中している時には見ることがありませんでした。母親にとってファミコンは否定できない価値ある〝薬〟にも思えました。

夏期講習以来通い続けていた塾の効果もなく、希望の私立中学の入試は不合格でした。母親は内心ではそのことを喜んでいました。

「私は、私立に行くより地元の中学に入って、もっと人間関係を学んで、思いやりのある子になってほしかったんです。

でも、中学に入ってわずか一週間で、風邪をひいて休んだことから登校しなくなりました。

私は、公立中学に期待していただけに子どもの話が聞けませんでした。あの子が『グズグズ』言うことは、私にとってあの子に学んでほしい『人間関係の課題』だったのです。

その頃〝跡取り〟の話は別にして、夫も祖父母もあの子は『手が掛かりすぎる子』ということで、弟に期待が向けられていました。そして、子ども達の机の上の〝ごほうび〟は弟の方にあふれていたのです」

いつのまにかA男君の話し相手は母親だけになっていました。

A男君の中学での人間関係作りに期待していた母親は、独り善がりになっていく彼

を見るのがつらく、角突き合う毎日に疲れパートに出ました。

それは、A男君にとって関係のないことまで八つ当たりしてしまう、母親なりの努力でもありました。

そして、気がついたら中学三年生の三者面談の時期を迎えていました。

「訪問された先生が少し席を離れた時でした。あの子がささやくように私に言ったんです。『ずっと考えていたことがあるんだ。だれにも言わないでいいからな。俺、そのうちに学校に行くからね。こう言うと嬉しいだろう』

私は、からかわれている気が全くしませんでした。それよりも、こんなに素直に照れ隠しできる子になっていたことが驚きでした。

私は思わず『嬉しいよ。強がっているおまえが大好きになったよ』と言ったんです。

するとあの子、なんと言ったと思いますか。

『俺も勉強したけど、お母さんも勉強したね。もうしばらく迷惑をかけるから気を抜かないように』

私はあの子が〝頭で（楽しい、思いやり）会話（人間関係）〟を作っていることに気づきました。でもその努力を見守ることにしたんです。

それは、他人には愛想がよくても、家では無愛想でわがままで意地っ張りな夫とよく似ているからでした。〝腐れ縁〟ですね」

〝親〟であり続けることを覚悟した母親のひとことも、A男君の少し〝間の抜けた強がり〟があればこそ引き出されたものでした。

相手の心を察して、自分のいたらなさで帳尻を合わせることも、人を大切にする人権マインドです。

2.「かぁかぁのおっぱい、すっていい？」

人は抱えた悩みから逃げ切ることはできません。なぜなら、背負ったのがその人自身だからです。

だから人の悩みに優劣や評価をしてはなりません。悩み抱えているだけで、努力の〝証〟であり、前向きな姿でもあるからです。

いくら悩みを誰かにあずかってもらおうと思っても、その場しのぎの気休めにしかなりません。もちろん〝気休め〟を軽視することはできません。それがなかったら、すでに息絶えてしまうことすら起こり得るからです。

でも、やっぱり苦悩と向きあう当事者に変わりはありません。

人は、そんな余裕のない中で「聞きもらしてはならないひとこと」に気づくことすらできないほど、疲れ切っていることがあります。

そのような時に、独りで抱える悩みを分かち合ってくれる誰かが周りにいてくれることは心強いものです。当事者でないだけに、わずかなゆとりが「聞きもらしてはならないひとこと」の真意をキャッチできるのです。それも他者の人権を尊重することです。

そして、その本当の気持ちを傍の人と共にふり返る時、当事者としての自分なりの気づきが起こり、悩みを肯定的に受け止めることができるのです。

悩んだことで見えないでいた、大切な心を取り戻せた喜びです。

◆

忘れられない手紙があります。

差し出してくれた母親は、その日から五年経ったその年の四月、再び復職しました。

何度も読み返した、私にとっても尊い手紙です。

「連日お忙しいことと思います。先日はお会いでき、ありがとうございました。
いったん現実に戻ると二歳と六歳の子達が
『かぁ〜か、かぁ〜か』
『さなえちゃ〜ん（母親の名前）』と呼び続け、
なんやらかんやら、何でも遊びになる。
うたう。
『エサーッ（餌）』
『ウンチー、オシッコー』
というわけで、講座に参加させていただいたおかげで、うれしい子ども復帰させても
らっています。
『考える!!』とか
『書く!!』とかいう時間が
『な、ない!!』

これも〝学校ごっこ〟かな。
そんな思いでやっと書いているワケで、ハハハです。
とお手紙を書いているうちに、もう娘がアメをのどにつまらせそうになって大あわて、ハラハラドキドキ、心臓にも毛が欲しいです」

そらんじるほどに読んだ手紙の一節です。苦悩と向き合いつつも、親子で必死に〝気張る〟ことでしか乗り越えられなかった日々が、思い浮かんできます。

出産する前までは、親と子の教育相談員として専門職についていたお母さん。

そのさなえさんは、小学一年生の娘ゆかりちゃんの登校拒否に自らを問い、退職しました。

お嬢さんは〝内弁慶〟でした。学校や外で遊んでいても、友達や先生に自分の気持ちを出して伝えるのが、とても苦手でした。その一方で、友達の何げない言葉を「とても」深く聞きすぎて傷ついてしまったのです。

それが親として、さなえさんにはふがいなく思えてしまいます。もちろん、ふがいなさはふびんさであり、親自身としての無力さです。

入学一ヶ月あたりからお嬢さんの登校渋りが始まりました。アトピーがひどく、かき続ける様子をみて、友達が「キタナイ」とからかうからでした。

さなえさんは、ゆかりちゃんのつらい気持ちを〝受容〟し、必死に〝共感〟のメッセージを送ろうと傾聴するのですが、空しさはつのるばかりでした。

第一線の教育指導員として活躍していた頃、親や子どもに語っていた言葉一つひとつが、悲しく自分の心に突き刺さってきました。

ゆかりちゃんは「お母さんが一緒に教室にいてくれたら行く」と言い出しました。

さなえさんは躊躇《とまど》いますが、その先を信じるしか他に取るべき術はありませんでした。

「ほんのもう一歩がんばれば行けるのに、と励まし、おどし、実は親自身のためだったんですね。教室でつらそうにやっとイスに座っている娘の、小さくなった姿を一目見た時、胸がつまりました。

すべてが私の中から吹っ飛びました。生きていてくれればいい。死ぬ、という言葉も何度もそれまで出ていたんです。

それから私は少しずつ、ゆかりのそばに立ってものを見、感じられるようになってきたのだと思います」

◆

ところで、私は面接相談と合わせてグループカウンセリングも大切にしています。ただ現在は、自分を見つめる、という意味のワークショップに幅を広げてもいます。同じテーマの悩みを抱えている親同士が集い、互いに、わが子と向き合うしんどい日常を〝なげき〟はき出すためです。

その時、その場のうなずきに独りではないことの安堵感を得ていくのです。それはけっして「傷口をなめあっている」とやゆされるような安易なものではありません。人は、孤立した無縁な存在ではないと実感できる、響きの場でもあります。さなえさんも、そんな場に参加していたひとりでした。

夫の協力もあって、さなえさんが登校刺激を控えだすと、ゆかりちゃんの様子が明るくなりました。

「**さなえちゃん、大好き、チューッしたい**」

と言いだし近づいて来ました。

でも、こんな毎日の繰り返しの中で、母親の気持ちに「ふざけている余裕があるの」という娘への苛立ちがわき起こってきました。

そんな葛藤の最中、こぼれたその話にグループの参加者が思いをつぶやいて言いました。

「それって〝学校ごっこ〟でしょ」

「お母さんに心配かけまいと明るくふざけているのよ。いじらしい」

「照れやさんなのよ」

他人事と言いながら他人事にならない参加者のひとことが、さなえさんには気づきのエールとなりました。

「さて娘は相変わらずアトピーでかゆい、痛い、で眠れない日々ですが、『さなえちゃ～ん』コールの連発から、時々（私は）、さなえちゃんとゆかりを交替しようと提案したりしています。

オフロにいっしょに入って湯船でかゆいところをさすっている時、

『かぁかぁのおっぱい、すってぃい?』

と、とっても恥ずかしそうに言ってきます。

『いいよ』と私が言うと、驚きと照れくささの混じったような目で見つめます。

そしてちょこっと吸い、抱き抱き、よしよし、されると、パァーッとうれしさが顔じゅうに広がります。見えます。

ちょっぴり気恥ずかしいけれど、うれしくて元気のでた〝さなえちゃん〟です」


「聞きもらしてはならないひとこと」に気づけてから五年。

時に、わが子を信じきれない自分と向き合うことができたのも、傍に寄り添っている人を見失わなかったからでしょう。

もうひとり、生身で現実と向き合うカウンセラーが帰ってきました。

人権とは、他者を信頼する働きも合わせ持ったものです。

3．いろいろあったけど、親に何の恨みもありません

「息子（B君）に〝親父の背中〟をどう見せたらいいのでしょうか。働いて給料を入れて…と言えば簡単に聞こえますが、そこには人に言えない苦労もあるんです。背中が泣いている時だってあります。口にしなくても息子は、その背中を見ているものだとばかり思っていました。

でもそれは私の独り善がりだったんですね。

考えて見たら私はほとんど息子の日常を知らなかったんですから。引きこもりになったから、あわてて関心を寄せたんです。そう思うと息子の言葉には頭があがりません」

かつて開いていた父親達のグループカウンセリングでのAさん（五十三歳）のなげきを思い出します。

◆

Aさんと母親は、同期入社で職場恋愛から結婚しました。長男の誕生を機に、母親は退職し子育てに専念しました。

三年後、Aさんが係長試験に取り組み始めた頃、次男のB君が生まれました。

Aさんは「寛大で優しい父親」と隣近所からも噂され、会社の後輩達からの信望も厚かったのです。休日には家事も手伝い、妻からは「頼りになる夫で、優しすぎるのが欠点くらい」と言われるような人でした。

そして、三年後、長女が誕生しました。

Aさんは、係長昇格後も時間を見つけては家族で好きな山登りを楽しみました。まさに「絵に描いたような理想的なわが家」でした。特に読書好きなB君を、Aさんは「分身」のようにかわいがりました。

B君は休日でも「友達と遊ぶより、父親と秋葉原（電気街）や神田（書店街）に出かける方が楽しいと選んでくれた」とAさんは言います。

B君は「子煩悩な父親に心地よさを感じ」、Aさんは父親としての「優越感」を持つことができました。

「(家庭、職場で)チヤホヤされ始めていたこの頃、私は自分を過信し、のぼせあがっていました。周りへの心配りを忘れていました。

自ら大阪への転勤を申し出てしまったのです。昇進するためには、いつか行かなければなりません。だから早いうちに自分からすすんで…と思ったのです。

家族の声は職場仲間の〝昇進エール〟に打ち消されていました」

Aさんの話に、グループカウンセリンの場に同席した父親達は、うなずき同感していました。

Aさんは、大阪支店の再建補強のプロジェクトとして「同僚の動きも気にかけず」内諾してしまいました。

そして家庭では、長男が私立中学に入学する時期と重なったこともあり、Aさんの単身赴任となりました。

「お父さん行かないで」というB君の度重なる願いも、「会社の命令だから仕方ない。仕事なんだ」としか答えられませんでした。

「大阪での初仕事を終えて社宅に戻り、背広の内ポケットを整理していたら息子の書いたメモが入っていたんです。それを見たら、しばらく涙が止まりませんでした。

『僕はなぜ、お父さんが大阪に行かなければならないのか分かりません。僕はもっともっとお父さんと食事したり、山登りしたり、本を見たり、相談したいこともいっぱいあります。僕は、お父さんといるのがいちばんです。わずかな望みですが、かなえてください』

息子のメモは私の〝御守〟となりました」

Aさんは手帳から取り出したそのメモを読んで紹介すると、再びていねいに折って戻しました。

子どもは幼い頃、機会を見つけては親にこんなメモを書いて渡すことがあります。

父親達はAさんの話を聞きながら、そんな日々を思い出しているようでした。
私も今この原稿を書きながら、二十二歳になる次女が中学の時にリボンで飾りつけたチョコレートに添えてくれたメモを、思わず取り出して見ています。
「DEAR、おとうさん。いつもお仕事、ごくろうさまです。これは二日遅れのバレンタインです。自分なりに一生懸命作りました。たぶんおいしいと思います。食べなかったらお姉ちゃん（双子の姉）か私にください。
では、今日も一日、仕事ごくろうさま

様々でした」

あまりチョコレートを好まない私を知っての配慮も込められています。脱線してしまいましたが、私こそ娘に「様々」です。

さて、Aさんは赴任三年を終え再建の目途が立ったので、家族を大阪に呼んだそうです。

中学生となったB君は「大人びて物静かな子」になっていました。部屋にいることが多く、笑顔の少ない彼を心配したAさんは、たびたび遊びに誘ってみました。しかし、「御守りのききめ」はなくなっていました。

それからさらに三年が経ち、Aさんに本社へ転勤の辞令がおりました。

ところが、配属は新設部門の課長待遇の専門職で部下はいませんでした。評価への不満が、Aさんに「使い捨てられた」という失望感を与えました。気持ちはすさみ、仕事への意欲はわかず、気落ちした中でAさんは本社へ単身赴任しました。

子ども達が進学をひかえ、大阪での生活を選択していたからです。

結局、長男は浪人し、B君は私立高校に入学しました。しかし、五月連休が明けると、B君は「あそこは予備校だ、血の通った教育がない」と登校を渋り出しました。

職場での居場所をなくし、家族の崩壊を感じたAさんは「恥を忍んで」大阪への転勤を会社に懇願しました。

そして新年を大阪で迎えることができたAさんは「やり場のない屈辱感」を抱え、B君に対しても苛立つ感情を抑えることはできませんでした。

「もう一度、小学校時代に戻りたい。僕は大阪人にはなれない」と険しい顔つきで訴えるようになったB君は、二年生を前に家族とのコミュニケーションを絶ち、引きこもりました。

「苦しみに耐えているのは、オマエだけじゃないんだぞ。もう後戻りはできないんだ」

Aさんがこう言うとB君は、「東京弁を忘れて大阪弁をマスターした僕の気持ちが分かるか」と怒りの感情を露にしてきました。

「敗残の兵」となったAさんには、B君の嘆きは聞くに耐えないものでした。

しかし、Aさんは「家族の絆を守るため」同僚の紹介で東京に再就職の場を得ました。

家族全員が心機一転、東京生活を始めました。

ところが、B君は大検予備校に籍を置きながらも、通うことはせずに「ブラブラ」していました。

AさんはB君を〝兵糧攻め〟するかのように「怠け者は食うな」と口走りました。

B君は次第に家族と会うことを拒絶し、一日の大半を雨戸を閉め、物音もたてずに自室で過ごすようになりました。頑に家族の誘いを拒否する彼は、家族がいる限り部屋から出ることはなくなりました。

困惑した母親は、昼食を用意すると行く当てもなく外出し町を彷徨《さまよ》いました。

そして帰宅し、食卓に置かれた食器を見て「生きていることを確認した」と言います。

Aさんは、出されたゴミ袋から「死にたい」というメモを見つけ、事態の深刻さを知りました。

「私と妻は、休みになると外出しました。そして息子が用をすませ二階に上がる頃を考えて帰宅しました。

息子が食事する音を聴きたくて、録音テープをこっそり食卓に仕かけたこともあります。同じ家にいて声もかけられず、顔を見ることもできない。もう歩けないかもしれない。なんとか二十歳になったらと用意した背広も、無駄になってしまう。そんなことを思っていた矢先でした。

息子は二枚のメモを残して、早朝に家を出て行ってしまいました。

一枚はアルバイト情報を切り抜いた就職先の案内チラシで『学歴・年齢不問、日払い、寮付き』と書いてありました。そして、もう一枚には『ここにいるから心配しないで。連絡はよこさないでください。僕は親に何の恨みもありません』と走り書きされていました」

旅立つ子どもの後を追ってはいけないと分かっていても、会いたい感情が抑えきれず宅急便を送り続けている、と語るAさんに、グループの父親達は一呼吸入れて自戒しました。

◆

子どもは親の知らないところで親孝行しています。

親になるとそのことを忘れてしまうのが、また親たる所以です。

子を想う親の思いの深さが、時に押しの強さとなって子の人権を侵害することがあります。しかし、そのことに気づき素直にわびる時、侵害は尊重へと変わっていくのです。

だから、たまに子どもの心にあぐらをかいている自分と向き合う〝作業〟が必要なのです。

4. 敗者復活戦だったね

父親達によるグループカウンセリングの場で、何か物を見て胸の内を告白するセッションをしたことがありました。

紺のスーツ、胸には会社のバッジをつけた五十代手前の紳士が、高校二年生で高校中退し、今は一日のほとんどを家で過ごす娘を案じながら、素直な自分を話してくれました。

父親はミカンを手にしていました。

「私は、娘と対話のできる薬があったら一粒百万円でも買いたいです。『女の子は思春期から父親を毛嫌いするもの』と周りの人から聞いていたので、そんなものかと無理して声かけもせず、ここ数年過ごしてきました。

いつ頃か娘と二人になると、互いに緊張する雰囲気になり、ちょっと仕事があるから、と自分を納得させて席を立つ始末で、妻がいてくれないと娘との場が持てなくなりました。

娘が高一の冬休みの時でした。正月の三が日が終わった翌日、妻と年子の妹が二回目の合格祈願の初もうでに出かけ、娘と二人で留守番をしていたんです。私は娘の何か不安気な様子が気がかりでしたが、どう声をかけたらいいのか戸惑っていました。話すチャンスを娘と私は探しあぐねていたのかもしれません。

そのうちに私は、娘の不安を受け止め返す言葉は何がベストなのかと悩んでしまいました。その時、私にはここ数年、娘との間に歴史がなかったことに気がついたんです。

妻が娘達の生活の隅々まで知っているのに比べ、私は成績すら『なんとかできている』程度にしか分かりませんでした。娘と一緒に歩んでいなかったので、その不安が読めなかったんです。

私は、娘から悩みを打ち明けられるのが怖くなり、その場から逃げ出したくなったんです。娘から『もうひとりの親』であることを突きつけられそうに感じたからです。私はこの時も仕事を思いつき、部屋に入ってしまいました。そして、その日を最後に何を話しかけても娘は応えてくれなくなりました。私は頭で理解しようとするんですね。だから、目に見えるミカンはミカンでしかないわけで、話せる代物ではないと思えてしまうんです。

言葉ばかりを信用していたんですね。何の変哲もないミカンでも、こう時間をかけて見つめていると、いとしくなって、手でそっと包み、守ってあげたくなってきました。

あの時、私は娘に返す言葉にとらわれ、心に触れることを見失っていたんです。ただ一緒に過ごしてあげればよかったんですね。

〝沈黙の対話〟ってことを知らなかったんです」

寂しさを漂わせて、ミカンを手でもてあそぶ父親に周囲の参加者もうなずくばかりでした。

「私は子どもをかまいすぎて、妻から小言を言われるくらい子煩悩な父親でした。子どもも私になつき、子宝そのものでした。今でも目を閉じると、娘と手を取り合ってたわむれていた光景が、鮮明に浮かんできます。

ところが、娘が三歳になった頃、私は係長に昇進しました。ノルマに追われる毎日でしたが、目標が達成され〝表舞台〟に立つたびに、職場が家庭に変わっていったような気がします。

課長が父親なら、私が長男のようなものです。それから転勤が始まりました。

娘は六回の転校と十回の転居を経験しました。転校先では気の弱い子とは友達になるのですが、それ以上は広がらず、いじめにもあい、それが私には臆病な子に思えました。

会社でも評価されていた私にとっては、娘の態度は歯がゆいものでした。

夜遅くに帰宅し、妻から相談されるたびに、『どうして友達作りが下手なんだ。自分から話しかけているのか。友達作りができないと、将来社会人になって、つきあいで困るぞ。どうするんだ。俺の子にしては不思議だな。おまえ（妻）の性格に似て暗いんじゃないのか』と妻を責めたてていたように思います。

その後、妻からの相談は少なくなったので、娘はそれなりにすくすくと育っているものと思っていました。

私は娘に高望みはしていませんでした。

女の子だから短大を出て、しばらくOL生活でもして結婚してくれたら、と妻にも話していました。だから付属中学に入り、エスカレーターでと思い、進学塾に通わせましたが、娘には負担だったようです。

私立をやめて公立中学に入学しましたが、そのことで娘をとがめだてすることはありませんでした。

そして、中二の学年末にこちらの東京支社に転勤してきたわけです。

さすがに妻も娘達も転勤にはこりごりしていたようですが、私には目指す階段もあと一歩というところでもあり、あとには引けませんでした。

ただ私の心の中には、ずっと自分の栄転が家族の栄転という気持ちがあり、そこで家族の幸福を背負っているんだという自負もあり、娘にはそれが私の強引さに映っていたのかもしれません」

父親は悔やむような仕草をみせながら、ミカンを両手で転がし、テーブルの中央に置きました。

「進学を控えた中三の転校は娘に不安を与えたようでした。高校選びも定まらず、冬休みに入ろうとしていた頃、仲良くしていた二人の女生徒が娘から離れていったんです。

進学校へ進むという娘に対する噂が、彼女達の気持ちを遠くしたようでした。そして運悪く、娘は体操の時間に足を捻挫してしまったんです。大事には至りませんでしたが、さぞかし状況がつらかったんでしょう。張り詰めていた糸が切れたように、『きょうは休もうかな』と私の出勤間際につぶやいたのです。

私は何の心配もしていませんでしたので、軽いジョークで、『その気持ちって、登校拒否じゃないの』と言っていました。

結局、二日休んで休みに入ったようで、私はそのことを知りませんでした。

噂の話に妬みのようなものを感じ、私は娘に、『落ちてもいいから受けなさい』と進学校受験をすすめました。

娘は自信なさそうでしたが、私は励ましのつもりで、『お父さんも合格することは期待しないから』と今思えば、ずいぶんとかわいそうな言い方をしました。

ところが、受験会場に入るにもおびえていたあの子が受かったんです。私はわがこと以上に喜び、娘をほめ称え、私の好きだった言葉、『チャレンジ』を繰り返しました。

その時、娘は冷めた感じで私のほうを見ながら、

『敗者復活戦だったね』と言いました。

私はその場の冷っとした雰囲気に堪えながら、

『やればできる』と言い切ると、酔いつぶれていきました。

中学入試をあきらめた日、私の深夜の帰宅を妻と待っていた、あの娘の落胆した様子がやけに思い出されてしかたがなかったからです。

私はその時、正直な気持ちで、『無理させてしまったね』と言えなかったんです。

ここが私の弱点なのです。妻のように素直に自分の感情を出すことは恥ずかしいことで、しようもない人間の典型的なタイプと思っていたんです。

高二になって、学校を休み始めたと妻から聞いた私は、『やっぱりそうか』と気落ちしました。

でもあいそをつかしたわけではないんです。しばらく休ませれば〝敗者復活〟すると思い、妻と見守ることにしたわけです。

でも、往復する電車の中では不安で、乗り合わせる女子高生を見ては『中卒にしてはいけない』と私自身に言い聞かせてきました。

その結果が今です。

子どもを追い詰めることが親の仕事ではないはずなのに、気弱なわが子を見るとこちらも余裕がなくなり、ついいろいろと言ってしまうんです。

親だからそうなるのでしょうが、反対にそんな時だからこそ黙ってつらい気持ちと一緒にいてあげなければ親とは言えませんね」

わが子の〝敗者復活戦〟という言葉の影にひそむ自己否定感に気づけた父親は、あらためて参加者を見渡すとほほ笑みました。

思いやりの食い違いです。その思いに気がついた時、時間を取って互いの思いやりを分かち合うことです。

そんなわずかな時間を取らなかったことが誤解を生み人の心を軽視していくのです。

5. 親父、つき合い始めて半年だな！

仕事をしていることは尊いです。だから方便にも使われます。まっすぐ自宅に帰ってやらなければならないことがある、とわかっていても少しの息抜きがほしい時はあります。

そんな時「ちょっと仕事のことで打ち合わせがあるから…」と言って電話口の相手の出方を待ちます。

こんな重宝な言葉も、図に乗って使っているといつのまにか当てにされない存在となります。関わる気がない、顔がこちらを向いていない、そんな寂しい思いに相手をさせます。

気がついたら、方便の価値もなくなり、互いに抵抗感すら感じなくなります。

図に乗っている方は「楽」な気分になっていますが、その分、相手から「あきらめられている」ことに気づきません。

ある中学生の少女が、共働きの両親に不安を抱えてサインを出しても気づいてもらえない悲しさを、相談室で訴えたことがありました。

「玄関の鍵を渡しておけば、それでいいと思っているんじゃないの」

わが子のこのひとことをうっとうしく思うのか、それとも親の心を子が汲む〝最後通告〟と受け止めるのか。大きな分かれ道です。

子育ては瞬間が勝負です。

待ったがきかないということは、日頃の関わりの積み重ねがその瞬間に本心として露《あらわ》になります。

とかく子どもと直線的な関わりをしている親には、その判断力の衰えは少ないのです。しかし、間接的になりがちな親は、よほど意識しない限りその感性は錆びついてしまいます。

◆

相談室の椅子に腰掛けるC君（中三）。真向かいには父親、斜め向かいに母親。そして私はC君の隣に身を置き家族面接を始めました。一人ひとりとする個別面接は一年前から重ねていましたが、こうして家族がそろい面接するのは初めてでした。

両腕を組み、テーブルに体をあずけるようにしてC君が父親に切り出しました。

「親父、面識ができて一年経ったな。つき合い始めて半年だな」

私は喉元を手でしめつけられるように全身が緊張しました。誰が親に〝面識〟などという他人行儀な言葉を使いたいでしょうか。あえて距離をおく言い方をして、父親に迫るC君のつらさが私にはなんともやりきれないものでした。

返事に詰まった父親でしたが躊躇《とまど》いつつ言いました。

「オ、オレも、オマエのことは、心配していたんだ。でも、いつも仕事が忙しくて…。気にはしていたんだ。オマエのことは」

らつ腕のエリートサラリーマンとは思えぬ、気の弱さと「オレ」という表現がぎこちないだけに父親のせつなさが伝わってきました。
「親父、ごまかすな。いつも朝、先に出かけていたのは俺じゃないか」
　C君は父親の真意に迫りました。これは子どもにとって一つの賭けでもあります。グッと一歩踏み込むことによって期待に反したら、そのリスクを子ども自身が背負うことになるからです。

だから関係をあいまいにして先鋭化させることなく、内心では「あきらめていく」子どももいます。冷めた子とはそんな感じです。

父親にはＣ君が何を問い掛けているのかが分からないようでした。

父親の言葉が待ちきれないＣ君が、悔しい思いを吐き出しました。

「そんなに俺のことが心配だったら、たまには早く起きてくれたっていいじゃないか」

言われて理解できた父親はうなだれ押し黙るしかありませんでした。沈む父親に、まるで反比例するかのように母親が顔を上げました。

するとＣ君が母親に意味有りげなことを投げ掛けました。

「オマエはアイダのない女なんだよ。だから俺も（感情的な人間）こうなったんだ」

母親は面喰らいました。まったく手がかりさえつかめない感じでした。

その様子を見て、苛立つＣ君をかばうように、私も躊躇《とまど》いつつ彼にたずねてみました。


「アイダって〝間〟のことかい…」

　Ｃ君のうなずきに父親の顔も上がってきました。

　Ｃ君は母親に向かって喋り出しました。

「オマエは、極端な女なんだよ。だから、俺も極端になったんだ。オマエは俺を可愛がる時は、猫可愛がりし、怒る時はメチャクチャなんだ。俺もそうなんだ。間が取れないんだよ」

　いじめられっ子のＣ君が突如として暴力に訴える、そんないきさつが語られていきました。ずっと彼のつらかった学校生活を聞いていた母親がささやきました。

「そうかもしれない。極端な母親だったかもしれない」

　詰め寄るように母親を見ていたＣ君が、このひとことで体を椅子の背にあずけました。

「そういえば、お母さん、友達からも言われたことがあった。『アナタって極端ね』って」

母親はC君のつり上がった目が下がり、組まれていた腕もほぐれ、あどけなさが戻ってくるのを喜ぶように、素直に胸の内を語り始めました。

「お母さん、不安だった。いつもお父さんがいないでしょう。お母さんだって子育てで分からないことがいっぱいあったの。まして男の子の心ってよく理解できなかった。『がまんしている、がまんしている』ってCはいつも言っていたよね。でもね、先生から注意されるくらいにお友達とケンカする時もあったでしょう。

お父さんに相談したくても家には寝に帰ってくるだけでしょう。

だからお母さんはお父さんの役割もしなければと思って、叱っていたの。でもね、ずっとお父さんをやっていると優しい母親に戻れなくなってしまいそうに思ったの。怒った分、極端に優しくしたの。そんな中で、お母さんはCの子育てをしてきたのかもしれない」

母親とC君との、十数年の子育ての一コマひとコマが浮かんでくるようでした。

Ｃ君のストレートな言い方に余裕をなくしていた父親が、思わず母親の話に口を挟みました。

「そう言えば、おまえは極端な人間だな」

即座に母親が切り返しました。

「そう言うあなたにも責任はあるのよ」

父親は再びうなだれました。

そんな二人のやり取りをみてＣ君が言いました。

「どうしてそのことをもっと早く話してくれなかったんだよ」

相談室に起こった一瞬の沈黙が、家族のこれからを暗示しているようでした。

錆びついた感性はまた磨けばよいのです。そしてその営みが、あきらめを思いとどまらせます。

6. お母さんの〝夫〟になって

白髪まじりのオールバックのBさん（五十三歳）は、大柄な体格に似合わない小声で語り出しました。

「妻よ、息子よ、戻ってきてくれ。今の私の正直な気持ちです。自分を失う、とはこういうことだったんでしょうか。

秋晴れの日曜日、洗濯物が風に揺れている。ぎこちない手つきで干していたシャツやズボンも、今では様になり、アイロンがけも上手になりました。

乾いた洗濯物をかたづける。その時、私はどうすることもできない空しさに襲われるんです。息子や妻のものが何ひとつないんです。

私は大切な宝を失くしてしまったんですね。ただ、今思うと台所の桟にかけて置いていった妻のエプロンが、なぜか家族の絆を取り戻す命綱に思えるんです。

私はいつも分析・質問型の会話ばかりして、その悩みやつらさを理解し受け入れていく言い方をしていませんでした」

Bさん夫婦は同期入社で、三十歳の時に職場恋愛で結婚しました。

すでに息子（二十二歳）さんを妊娠しており、妻は退職し出産の準備に入りました。

Bさんは係長試験にも合格し、会社から前途を嘱望されていました。

大事をとった妻は郷里に帰り出産しました。

しかし、Bさんは仕事上の接待があり、息子さんと対面したのは出産二日後でした。

「私は、誕生したわが子は〝目に入れても痛くない〟ほどのものと思っていましたが意外でした。正直言ってあまりかわいいとは思えず、妻が期待するほどの喜び方はできませんでした」

三年遅れで次男が誕生しましたが、長男の〝物覚え〟のよい成長がBさんには何よりの楽しみでした。

「『この子はできない子ではない。もしできないとしたら、その学習方法を理解していないか、さぼっているだけだ』と私は妻に言うと、息子の教育、監督を命じました。私はいつのまにか家庭のことは妻に任せ、仕事にのめり込んでいきました。家庭には何ら問題はなく、妻も家事に満足していると思っていたんですね。社宅生活の人間関係に疲れ、二人の子を抱え、いつも深夜帰宅の私を待ちわびていた妻の寂しさには気づきませんでした」

Bさんは息子さんが小学四年生の時、四十歳の若さで本社の課長に抜擢されました。同期の一番出世でした。

「『私はこれからのウチの会社を優良企業に育てるかどうかのカギを握っている男なんだ』と食卓を囲みながら、息子や妻に鼻息荒く話していたんです。

その時でしたね、妻が言ったんです。

『なにかとウチの会社とあなたは言うけど、あなたのウチ（家）は職場なの。本当のウチはいつから育て始めるの』

私は腹が立ち、『何を偉そうなことを言うんだ、世間知らずが』と言い切ってしまったんです。妻との感情の行き違いを感じ始めた時です。

息子はその頃から『二人とも仲良くしてよ』と言うようになりました」

一年後の夏、Bさんに大阪への転勤命令が下されました。一年程度で営業所を立て直す仕事でした。

「単身赴任することにしました。どことなく互いの生活を干渉しなくなった一方で、緊張した夫婦関係にもなっていたので〝息抜き〟になりました。

もちろん本音は言わず、子ども達の教育のために単身赴任する、というものでした」

この時、息子さんは予期せぬことを感じたのか、Bさんをプールに誘うとこうつぶやいたと言います。

「お父さんは僕の父親だけど、お母さんの〝夫〟だよね。だから僕よりお母さんを大切にしてね。僕はお父さんからの電話を待っているよ。連絡くれないと忘れてしまうからね」

Bさんは、この日のことを印象深く思い出していました。

「私は小学生のわが子に、夫としての自覚を諭されたんです。子どもにとって両親は夫婦とイコールなんですね。私は妻のパートナーであることを忘れていたんです。

大阪での立て直しは想像を越えて激務でした。

帰宅すると着の身着のままで寝てしまうことも多く、息子との約束の電話も朝にかけるようになり、そのうちに『今日は用事もないから』と二日が三日に、そして週一にと減っていきました。

妻からの電話にも話すことがなくなり、『気にしなくてもいいから』と、こちらから切ることもありました」

Bさんが、本社に戻ったのは二年後でした。

ところが息子さんは、中学入学後まもなくして不登校になっていました。

そしてBさんは、妻からそのことを聞かされていませんでした。

「どうして何も言わなかったんだ、と私は妻を責めました。

『私が何か言えば、あなたは言えないくらいに苦しんでいる私の気持ちを受け止めて助けてくれましたか。なぜとどうして、を繰り返してくるのがいつものあなたじゃないの』

妻のそのひとことにハッと思いました。

その涙が悔し涙であることも分かる気がしました。でも結局、私は、『なぜもっとしっかり子育てをしなかったんだ。あの子は登校拒否になるような弱い子じゃないんだ。辛抱強い子に私は育てたつもりだったのに。これでは子どもの教育をお前に任せられないじゃないか』と言ってしまったんです」

Bさんが妻や息子に対して「励ます」つもりで言う言葉がすべて拒絶になって返ってくることに気づいたのは、それから二年後の卒業の頃でした。

「言っても分からない者は、本人が気がつくまで待つしかない」、そんな思いの中で焦る気持ちを納得させていました。

「息子は二十歳になってもブラブラしていました。そして息子や妻と視線を合わせて話し合う機会もなく、一日一日がすぎていきました。

二人が家を出ていく数日前の夜でした。

深夜帰宅した私は酔いの勢いもあって妻を叱ったのです。

『いつまで母子でブラブラしているんだ。私の命を食いちぎる気か。なぜ自立を考えないんだ。どうして意気地なしの男にさせたんだ」

すると息子が生まれて初めて私に向かって怒りをぶつけてきたのです。

『いつもそうして指さして人に命令する。三本の指先が自分に向いていることが分からないのか』

私はその息子の迫力に腰が砕けてしまいました。そして次男も翌年、地方の大学に合格すると家を出ていきました」

踏みとどまる時に気づきながらも、何かひとつ捨てきれないこだわりが大きな迷いを作っていたに違いありません。

そう思うと、私は父親の寂しさが他人事には思えないのです。

7. お父さん味わって食べていないでしょう

「とにかく気がついたら、息子は私と話すことを拒否していたのです。

ソファーに腰をおろしてテレビを見ている息子に『ただいま』と声をかけても、『お帰り』の返事がない。妻は私の食事を用意すると、そそくさと寝室へ立ち去ってしまう。ひとつ屋根の下に住みながら、それぞれがバラバラに生活している感じなんです。

単身赴任の身ならこの寂しさにもなんとか耐えていける自信はありますが、一緒に寝起きしながら会話のない孤独な生活にはもう耐えられないのです。

私はどうしたらいいのでしょうか。方法を教えてください」

当時、地方銀行での長い単身赴任の支店長勤めを終え、本店に戻ってきたばかりだったD君（二十四歳）の父親がひとりで私の相談室を訪ね、わらをもつかむ思いで語りかけた最初の言葉でした。

父親は地元の公立大学を卒業後、入行しました。責任感の強さと人あたりのやわらかさから、上司の評価も高いものでした。

母親は短大を卒業し、小学校の教員を勤めていました。

二人は支店長の紹介で見合い結婚しました。

二年後、長男のD君が誕生しました。

母親は父親の強い希望で退職し子育てに専念しました。

「他人の子を育てるよりも、自分の子を一人前に育てることが第一。教師である前に母親なんだ」

父親のこのひとことが母親の躊躇《ためら》いを一蹴《いっしゅう》させました。

父親は子煩悩だったと言います。休みを利用しては三人で遠出することもありました。

さらに二年後、弟が生まれました。父親は判断がつくようになったD君を、好きな釣りに連れ出すようにもなっていました。

ところが母親には、無邪気に振る舞うD君を制止しては、釣り方や道具の説明をこと細かにする父親が、まるで「ペットを調教している」かのようにも見えていました。「温厚で真面目な銀行マン」と同僚や隣近所から言われていた父親でしたが、家では比較的「無愛想な理屈っぽい、自己主張の強い人間」でした。

母親はそんな「がんこで、短気な生活態度も仕事のストレス」と思っていました。後に家庭内に問題が起きてみると、向き合うべき上司や会社と向き合わないで、妻や子に八つ当たりしていたことに気づく父親は多いのです。その八つ当たりという人権意識の希薄さも「仕事のストレス」という言い方で、いくらでもすり替えられていました。また妻子もそれを受け入れていた面もあります。

そして父親は母親についてこう思っていました。

「あまり人づき合いが好きな方ではなく、友達もひとりか二人いる程度で、年に一〜二回会うくらいだった。隣近所の人との立ち話が嫌で、時間をずらしてはゴミ出ししたり、他人の声がすると買い物に出掛けることもためらう感じだった。

意見を出し合ったりする場も嫌った。そして考えの相違が起こると、自分の考えを簡単に譲り、それから後はその場に参加しないでいることが多かった」

さらに父親は母親への戸惑いを語りました。

「妻はきれい好きで、家の中はまるで博物館のようにゴミひとつなく、すべてが整理され子どもの遊ぶところさえ指定されていた」

私は父親の話を聞きながら「閉ざされた家庭」をイメージしていきました。

それは、子どもにとってみれば平和で生きる場を奪われた〝収容所生活〟とも言えます。

D君は後に私との面接の中で、子ども時代を次のように振り返りました。

「友達を呼んできたりすると、母の顔は緊張しました。特に汚れを気にするので、僕はいつのまにか友達を家に呼びづらくなりました。

だから反対に僕も友達から家に誘われても行きにくくなり、家で母と弟と三人でいることが多かったように思います。

母の言うことをおとなしくきいていた僕は、宝物のように大切にされ〝王様〟になっていきました。弟の世話をして母を助けたりすると、母は僕の〝奴隷〟になり何でも希望をかなえてくれました」

親が子に「いい子」になることを強いていたことが、いつのまにか子が親を支配することになっていたのです。

母親が知人を家に招待することはほとんどありませんでした。そして、父親も知り合いを家に呼んだりすることはありませんでした。

「妻の緊張した表情を見ていると、私自身も気を使いすぎて後から疲れが残るので、外で会うことにしていきました」

父親は母親の性格などに理解を示しつつも気持ちは遠退き、職場に心の休まる場を求めるようになっていました。

D君は、ずっと後で開かれた家族面接の場でこの時の心境を父親にぶつけました。

「父親は家庭にはいなかった。よく言葉にする〝透明人間〟です。会ってお互いの顔を見るのはたまの日曜日に外食する時くらいだった。それなのに口うるさく説教され、陰気な表情を平気でしていた」

そして父親は、D君から初めて聞く当時のわが子の心にガク然としました。

「きっと〝親父《おやじ》〟になろうとしたことが威張ってみえたのでしょう。〝陰気な表情〟という言い方にはショックでした。家族と何を話したらいいのか分からないのであれこれと考えていたのです。

家族なのにたまに話をすると照れてしまうのです。いや、慣れないのです。父親なのに心の中では家族に遠慮してしまうのです。そしてそんな自分をやっぱり家族に見られたくなくて〝親父の威厳〟をみせようとしたのでしょうね。

ただあの頃は私も三十代後半で、同僚に差をつけ、評価されないと将来が約束されなかった時期なのです。毎日が戦いでした。

家で食事をしていても、頭の中は仕事のことでいっぱいでした。

今、思い出すと子どもが、

『お父さん、食べるの速いね。味わって食べていないでしょう。ただ口の中に入れている感じだよ』とよく言っていました。

気にも止めないで聞き流していましたが、子どもなりにサインを出していたんですよね。私には『家族の成長』という考えがまったくなかったと思います。ただ親がいて子どもがいて、それだけで家族になっていると思っていたのでしょうね」

父親は何かを自らに言い聞かせているようでした。

D君の中学入学を前にして父親に転勤命令がおりました。新店舗の支店長でした。父親は一足先に赴任し、昼夜をとわず新規開拓に奔走しました。

父親にとって、「やっと手に入れた支店長のイスは将来を約束させるもので、家族のことを心配する余裕はなかった」と言います。

三月下旬、D君は母親、弟と一緒に新しい街に着きました。海岸端から見渡す大海原に、D君は希望をこめて新しい友達との出会いを願いました。

その夜、父親は家族に、

「支店長の妻であり息子であることを自覚して、町の人達とつきあってほしい。〃悪い噂〃がたつと銀行への信頼がなくなり、お父さんの評判も下がってしまうんだ」

とその時、〃忠告〃しました。

D君は母親の疲れた暗い表情がとても気になっていました。

「お父さん、最近、お母さんと話をしている？」

D君が父親につぶやきました。

「いるよ」

軽く返事した父親には、D君が思うほどにこの日の記憶は詳細には残っていませんでした。

8. やめてくれ！

父親の転勤に伴って転校し、中学生になったD君親子の、その後を追ってみます。

母親には「支店長夫人」の荷は重かったようです。

「仕事のため」とはいえ、職員を家に招待したり、地元の有力者との懇親の場にも同席させられるのは、人見知りな母親にはつらかったのです。

そして母親にとって「夫はすっかり父親の影をなくし、家族の前でも支店長になっていった」と言います。

いつの日からか母親は食欲をなくし、ひとくち食べてはやめてしまう状態になり、父親も短気になっていました。

人は自分を肯定できないと他者を否定、差別し、自分を優位な立場にしようとする心が起こってきます。

深夜、帰宅すると父親は母親を怒鳴りました。

「その顔はなんとかならないのか」

D君には怒る理由は分からなかったが、カン高い声だけはよく聞きとれました。

憂うつな表情で買い物をする母親の「心配していた噂」が父親の耳に入っていたようでした。

翌日からD君は母親の体を気づかい、父親が帰宅するまで起きていて、その機嫌を見ては間に入り「ピエロ」を演じて事を荒立てないようにしました。

しかし父親には、それが「息子のつらさ」とは気づかなかったと言います。いつしかD君に「ひとり自分だけが犠牲になって」との思いがつのっていきました。

ある日の深夜、突然D君が両親に刃物をぐっとさし出しました。

「どうしてみんな普通の家族のように仲良くできないんだ。こんなお前達に育てられたから、僕は友達ひとりできない人間になってしまったんだ」

両親はD君の絶叫に戸惑いましたが、わずかな沈黙に父親は耐えられませんでした。

D君の疲れから発した〝悪態〟を受け流してあげることができなかったのです。

「なんだこの様は」

父親は母親の顔を見て言うなり寝室に入ってしまいました。母親は呆然と立ちつくすD君の手を握りしめると、刃物をやさしく取りあげた。

「大丈夫だよ、お母さんのことは」

そう言うと、母親はD君の背中を両手で押しました。D君が二階にあがり部屋に入ると深夜の一時を過ぎていました。

「いつまで、こんな生活が続くのだろう」とD君は思いました。

同じ部屋に寝る弟の寝返りに、不安を与えてしまったことをD君は心の中でわびました。

夫との関係に疑問を深めながら、母親は知らない土地で孤独な生活に身を置きつつ考え込む毎日でした。

「こんな家族を作るために主人と結婚したわけではない。私はいつのまにか、家族を犠牲にしてまで仕事にのめり込む夫を信頼できなくなっていました。

そして怒鳴られるたびに夫への愛情が薄らいでいき、息子を妊娠していた時のことを思い出していました。大きなお腹を抱え荷物を持つ私を横目に、ひとり足早に新幹線のホームの階段を身軽にのぼっていった夫の無神経さです。

夫に私への愛情を感じられなかったのです」

こんな思いやりの食い違いだけが浮きぼりになる家庭状況の中で、安らぐ場さえなく、D君は中学に登校していました。

「都会のエリート」のD君に陰りが見えたのは、二学期の学期末テストでした。地元の幼なじみでグループ化されていた仲間の中に入りきれず、自尊心ばかりが高まり、素直さを表現できないでいたD君は、やはり母親と同じように孤独でした。

仕事を通して地元の人と人間関係を広げていけた父親には、妻子の孤独が「努力しない結果」に思えていたようです。

D君は〝不運〟のこの時期を後にこう語ります。

「学力への過信が集中力を退化させた。予想を下まわる低い点だった。隠そうとする僕に比較的親しかった友人が『これで君もこの街の中学生になったね』と笑って言った。僕はこの言葉をからかいと受け取り睨み返した。僕は唯一の友達を失くした。まもなくして睡眠不足も手伝い遅刻し欠席し始めた」

D君には三学期の始業式は心なしか気が重かったのです。そして担任の「心機一転、お父さんの期待を裏切るなよ」のひとことで張りつめていた糸が切れてしまいました。学校を休み始めたのです。

父親は母親を「通訳」にしてD君に登校をすすめました。

「お前達はいつまで私に恥をかかせる気だ。弟のふびんさも考えてみろ」

と言いながら出勤し、

「今日は学校に行ったか」

と不機嫌で帰宅するのが父親の日課になっていきました。

冷静さを装う父親への「抵抗が登校拒否を本物にした」とD君は思い返します。

さらに「こじれた友達や担任との気持ちを調整していく方法が、そんな体験を積んでいない自分には分からなかった」と言います。
父親は一転して母親に、「子育ての失敗だ。甘えは許さない」と激怒すると、「私が根性を鍛え直す」と言ってA君の腰に手をかけ引っ張り出そうとしました。
「やめてくれ!」
D君はベッドにしがみつく

とうなりました。そして強度な緊張感がチックなのか、けいれんなのか、全身を激しく襲ったのです。父親はこの瞬間を回想します。

「あの時、私はどうしたらいいのか、手立てが分からなかったのです。

いやもっと正直に言えば、子どもの心がぜんぜん分からなかったのです。遠い存在になっていたんです。不安でした。

だから一秒でもはやく近づきたかったんです。焦りました。子どもともう一度、心を通わせたいと思う、居ても立ってもいられない気持ちになったんです。

『お父さん、助けて』と息子に飛び込んできてほしいのに、息子は私に怯えているのです。それはつらいことでした。拒否されているつらさです。

息子の『やめてくれ！』が私には『触るな！』と聞こえてしまうのです。

どうして父親が息子から『触るな！』と言われなければならなかったのか、と怒りがまたこみあげてしまうのです」

父親は自分の「身勝手」とその時、向き合えなかったと言います。

D君のあまりの〝症状〟に、母親は彼を抱きしめると父親に向かって言い切りました。

「この子に手を触れないで」

父親はこの二対一の「構図」に「底無しの孤独感」を感じたと言います。

何かが失なわれていくと思った時、これ以上、自分の意を押し通すことはできなかったのです。

父親は冷静さを取り戻すと、二人を見て「こんなにも学校が嫌なのか」と思いました。

そして、「すべてを母親に任せよう」と〝覚悟〟しました。

もちろんそれはD君へのあきらめではなく、父親が家族に初めてわびた「絆作り」への誓いでした。

9．中卒の僕をみんなが笑っている

父親の勤務から転校したD君は、二年生になって完全不登校となりました。

そして父親は、症状まで出して訴えるD君を見て「すべてを母親に任せてみよう」と思いました。

なぜなら、励ますつもりの言葉や行動が、すべて威圧としてD君や母親に受け取られてしまう空しさがそこにあったからです。

引き続いて、D君親子のその後をたどってみます。

一年が「息子の〝悪い噂〟と共に」過ぎたと父親は言います。

「親が甘やかしている」「頭でっかちで生意気だったんじゃないのか」、そんな噂がなんとなく父親の耳元にも聞こえてくると、D君がふびんに父親には思えました。

すると「母親に任せておくこと」が父親にはできなくなりました。

部屋やふとんからも出られなくなったD君を心配した父親は、母親に内緒で一人、国立の児童精神科へ相談に行きました。

「病気ではありません。〝まゆごもり〟と思ってください。

今は自分を見つめ、エネルギーを蓄えているのです。とにかくそっと自己決定するのを待ってください。子どもさんにとって学校は腐ったミカンなのです。それを食べろという方がまちがっています」

確信に満ちた専門家の助言に、ひと安心した父親は再び仕事に打ち込みました。「噂も吹き飛ばす」ように働きました。

夫婦関係も、D君を見守るという「新たな共通項」を得たことで、互いの感情をコントロールできました。

D君は精神科医の言う通り、明るさを取り戻し居間でテレビを見ることも増えていきました。父親との会話は目立って多くはありませんでしたが、母親や弟とはうち解け合って談笑していました。

十一月に入り、高校進学をほのめかし始めました。夫婦の距離がD君の進学問題で急接近しました。

しかし、出席日数からみても望む高校進学は難しかったのです。父親は当時をこう語ります。

「再び意欲を失くしていく息子を見て、私は八方手を尽くし、ある私立高校へつてで入学をお願いしました。そして私は再び単身となり、妻と子ども達は〝都会〟へ帰って行きました」

父親はD君に希望の春を迎えさせてあげたことに満足していました。

ところが、入学早々、D君は「友達づきあいが複雑すぎて、学校になじめない」と欠席を繰り返し、またも自室に閉じこもる生活を始めました。

父親からの電話にもあまり出なくなり、父親は自ら学校に出向き一学期で退学届けを出しました。

父親のあまりの無念さが、この横暴な自分の行為を気づかせることができなかったのでしょう。結果的には退学届の提出を早めてしまったようです。

父親の気持ちは家庭から離れていきました。

D君にとってみれば父親の愛情がいかに「気まぐれ」であったか、思いをはせると切なくなります。「つて」を使い「入学」させて、勝手に「退学届」を出し、思い通りに事が運ばないと関係を引いていったのです。

「子どもは親の操り人形じゃない」との叫びが聴こえてくるようです。

しかし、そこまでしてしまうのも親だからです。子どもの人権を一番に守るべき親が、一番の侵害者になってしまうという悲しさが、時に親子関係には起こるのです。

月に一度の帰宅も二ヶ月に一度になっていった父親ですが、母親は何も言いませんでした。また母親は父親の社宅に行くこともありませんでした。

父親はそのことが、また寂しかったのです。

十八歳を迎えたD君は、突然に言い出した。

「僕はなんて無駄な日を過ごしてきたんだ」

数年ぶりに外出すると、持ちきれないほどの参考書をD君は買い込んできました。

「中卒の僕をみんなが笑っていた」

帰宅すると、D君は母親に訴えました。たまたま、予備校に通う小学生時代の友人に声を掛けられ焦りを感じたようでした。

「早く充実しないと友達に置き去りにされてしまう」

もうろうと一人で話し続けるD君に、母親は、

「しっかりして」と平手で顔を殴りました。母親はD君を、ひとりで抱えていく自信をなくしていました。

「誰も僕のことなんか心配も理解もしてくれないんだ」と言うと二階の部屋に行き、雨戸を閉めて、机に本を積み上げD君は泣きくずれました。

日毎に感情の起伏が激しくなっていくD君に、困惑した母親は父親に助けを求めました。

D君は声を掛けてくる父親に怒りを向けました。

「オマエを見るとむかつくんだよ。嫌いなんだ、出て行けよ、自分だけいい顔するなよ」

そう言って父親を部屋から追い出しました。

しかし、しばらくすると母親に
「逃げている親父が許せない。すぐ連れてこい」と混乱を露《あらわ》にしました。

そして戻る父親には「どうせオマエは俺のことを厄介者のゴミ程度にしか思っていないんだろう」と椅子を振り上げました。

父親は「自分が出ると刺激するから、しばらく離れてみて現実を見つめる日を待とう」と母親をなだめました。

しかし、そう言いながらも母親への暴力が、自分（父親）を呼び出すD君なりの手段に父親には思えました。

「妻には悪いと感じながら、私も〝生き地獄〟を徘徊していました」

父親は切羽詰まっていた当時を思い起こし、私の相談室で唇をかみしめました。

父と子の断絶状態が続き、D君は二十歳になりました。

「とにかく、息子は二十歳までには落ち着いた方向に歩み出してくれると思っていました。学校が嫌なら働いてくれるだろうと、自分に言い聞かせてきました。ところが誕生日を過ぎても、私達夫婦の育て方を責めたり、離婚しろとか、高校中退させたのは父親だ、とか言っている始末でした」

D君が二十歳になって数ヶ月後、父親は本店に栄転となりました。そんな父親には帰宅してもくつろげる部屋はありませんでした。

ある日、父親の心の奥底にしまい込んでいた怒りが爆発しました。

「いつまでブラブラしているんだ。親を頼るのもいいかげんにしろ。甘えてばかりいるな。もう二十歳を過ぎたんだ、学校が嫌なら働け。他人からナマケモノと呼ばれても恥ずかしくないのか」

父親はD君の反発を恐れましたが、事態は意外な方向に動きました。

D君は大人しく語り出したのです。

「お父さんは、社会人ができていいね。僕は、お父さんの背広やネクタイを何回もつけてみたけれど、社会人になる自信がわいてこないんだ。

僕は人間関係に自信がない、怖いんだ。失敗したらどうやって謝ったらいいのか、ケンカしたらどうやって仲直りすればいいのか。僕はそのことで悩んできた。学校にも会社にもみんなと同じように行きたいんだ。

お父さん、僕をお父さんのように他人と気軽に挨拶したり、話のできる人間に育て直してください」

懇願するように話すD君に、父親は驚いたと言います。

「人間関係に自信がないから登校拒否するしかなかった」

父親にはほとんど理解できないD君の苦しみでした。

「自信があるとか、ないとかで、学校に行くものではないと思っていました」

自信は人との関わりの達成感の中で身につくものです。

振り返ると、父親は生きるために人間関係を培ってきました。生きるとは貧しさから抜けだし豊かになることでした。

しかし子ども達には、その機会は必要なく、勉強という個と向き合うことばかりに費やされていたのです。その時代の変化と新たな子どもの苦しみを、父親は分かろうと何度もつぶやいていました。

そして、すっかり弱気になってしまったD君を見た父親は、ふびんさも感じましたが、今後「親任せ」にしていくのではないかという不安も、そこにかいまみたようでした。

10. お父さん、釣りに行きたいね

不登校から引きこもりに入っていった若者達が、相談室でつぶやく言葉に「親は言葉は聞いても、気持ちを聴いてくれなかった。言葉の意味や事柄ばかりを理解しようとして、そう言ってみたい気持ちを分かろうとしてくれなかった」ということがあります。

特に父親に対して、この思いは強いのです。

もっと手間暇かけて関心を寄せてほしかった、ということです。特別に親子旅行や食事に出掛けなくてもいいから、日頃から何気ないふれあいの中に身をおいてほしかったのです。

しかし、一億サラリーマン化の日本の社会は、高度経済成長を押しすすめるためには、そんな手間をかけてはいられませんでした。何事も合理的にすることで経済的豊

かさを獲得できたのです。

しかし、その代わりに人の気持ちを推しはかる、ていねいな人間関係を見失ってしまいました。だから、家庭の中に気持ちが分かり合えないという問題が表面化しなければよかったのですが、その営みがなかっただけに一度ふきだすと、どのようにその傷口を癒したらいいのか分からなくなるのです。

父親がよく「わが子の言っている言葉が宇宙人の言葉のようで、何と言いたいのかがまったく分からない」と面接でなげくのが、その状況です。

だからこの時、わが子のつきつけた問題から逃げないで、何月何日に解決するといったような〝納期〟にとらわれないで、手間暇かけて関わることが大切なのです。

中二から不登校になり引きこもったD君も二十歳を迎えました。そして妻まかせにしてきた父親は「二十歳になったらなんとかなる」という〝予想〟が崩れ、あわてました。

とにかく会話のできる父子になることが関わりの目標となりました。

いや、それで十分とも思えるような心境にもなっていました。

そしてある日、D君が大人しく父親に語り出したのは「人間関係に自信がないから登校拒否するしかなかった」というものでした。

父親はやっと会話してくれたD君の訴えに困惑しましたが、それよりもコミュニケーションができたという喜びは、さらにわが子に関わる勇気となりました。

しかし「人間関係に自信があるとか、ないとかで、学校に行くものではない」と思ってきた父親にとって、D君との対話は堂々めぐりとなりました。

「人間関係とは自然に身につくものではないのか、教えられたりして学ぶものではないはずだ」

父親は親の子育て責任をD君から問われると、このように言うしかありませんでした。話が進展しないことに苛立った父親は、思わずD君にその感情を返しました。

「オマエは気が弱いんだ。根性がないからだ。臆病だからそんな言い訳をするんだ。気持ちを大きく持てば人間なんて怖くない」

父親のこのひとことが、D君の抑えていた怒りの感情を刺激しました。

「オマエ（父親）は何も分かっていない。自分の勝手ばかりで転勤して、お母さんや僕が何も言わないことをいいことに、いつも威張っていた。友達（人間関係という意味が込められている）を奪ったのはオマエだ。

俺の友達を返してくれ。俺は友達がほしいんだ。このままだとみんな（同世代）に見捨てられてしまう。それにオマエ達（両親）も俺を〝個室人間〟にしたまま見殺しにしていくんだろう。

働きにも行けない、大人にもなれない俺の責任をとってくれ」

そう言うと、D君は手に持っていたファミコンのコントローラーを両親にめがけて投げつけたのです。顔を外して投げたはずが母親の額に命中しました。

「お母さん、大丈夫。病院に行こう」

それまでの激情が嘘のように、D君は母親にすがりつきました。その変わり身の変化に、父親はD君の心の動揺と「人間関係が分からない」という訴えが、おぼろげながら受け止められそうな気になりました。

人との関わりあいが希薄だと、感情をコントロールする力が身につかない。するとどうしても極端な感情の表出となってしまうのです。

父親は私との面接を繰り返す中で「けんかして仲直りする」という時間のかかる関わりを、D君と重ねるように努めていきました。

それは人間関係の修復〝能力〟を高めることであり、子育てのやり直しにも思えました。

そしてこれまで、D君に対して日常的な関わりが少なかったことを詫びたのです。「お父さんにはオマエを一人前の社会人にする親としての義務がある。けっして見捨てることはない。オマエが生きていくことがお父さんの証なんだ」と言い切りました。

以来、D君を刺激するかもしれない言葉は、自分が受け止められる範囲としました。その戸惑いの一つひとつが、父親のD君に対する誠実な関わりにもなりました。

父親は五年後の早期退職を考え「この残された五年間くらい、息子のために使わないと自分に悔いが残る」と思いました。

「父親であることを忘れていた。銀行マンである前に父親だった。

息子が誕生した時、妻に言った言葉を思い出しました。幼稚園の時以来、父親の私は停まったままになっていました。

もう一度、子煩悩な父親に戻りたい。そう思うと息子達がいとおしくなりました。

自分は会社から十分に評価されてきました。今度は自分が息子を先生の言う『必要な存在』として評価する番だと思いました」

父親は面接にくると私にこうつぶやくのです。

「ごはんだよ、Ｄ」

「ただいま、Ｄ」

返事はなくても「心の声」が答えてくれた、そう思うことにしたと言います。

いつでもＤ君が自然に返事ができるように〝さりげない〟ことに努めました。

母親は、そんなわが子を思う父親のひたむきさに初めて出会い、心の鍵を開け始め

ていきました。

「十五年間のこだわりは『そんな簡単には許せない』と思いとどめても、不思議なほど引き潮のように、その思いは忘れていった」

ある日曜日の夕方だった。父親が台所に立ちました。

「今日は私に料理を作らせてくれないか。単身赴任で鍛えた腕で、お前（妻）の誕生日を祝ってあげたいんだ」

父親の作った煮物を母親は、D君の寝室にいつものように運びました。

「胃袋だけでも息子とつながりたい」

父親の切ない思いでもありました。

食卓で母親の誕生日を弟と三人で祝おうとした時でした。父親が何を思ったか、D君に声をかけました。

「D、お母さんの誕生日だ。どうだ降りてこないか」

どれほどの空白の時間があっただろうか。D君の声がしました。

「まだ本当に何をやりたいのか分からないんだ。もう少し待ってくれ」

それから一週間経って、D君は父親に自ら声をかけました。実に三年ぶりでした。

「お父さん、釣りに行きたいね。小さい頃一緒に行ったよね」

父親は飛びあがりたいほどの喜びを抑え、笑顔で「もちろん」と答えました。

二人は大学生の弟の運転でなつかしい湖畔に出掛けました。桟橋に座ると釣り糸をたれました。

「長期戦だな」

父親が言いました。

D君はその言葉をかみしめながら、母親の作ってくれたおにぎりを食べました。

「この十数年間、私は息子に悩まされるたびに家族のこれからについて考えてきました。私は息子の問題によって生かされ、家族から見捨てられなかったように思います。そんな大切な息子です。あせらずに子育てしていきます。でも『ただいま』と言ったら『おかえり』と息子が返事してくれることが、こんなに嬉しいこととは思ってもみませんでした」

やはり親は子によって親らしくさせてもらえる、そんな実感を得た相談でした。

11. 誰か助けてください

「仕切り直しして新鮮な自分と出会いたい」と願い、賭けにも似た捨て身の決意をしても思うようにならないものです。

やはりそこには、これまで辿《たど》ってきた道が「あの時の自分には必要な選択であった」という受け止め方がないと、重い足を一歩前に進めることはできません。

そして、歩み出す自分を喜び、いつか成長というプレゼントを受け取ってくれる相手が必要です。人は心を寄せる人の「喜んでくれる顔を見たくて」励んでいるのです。

額から首筋にかけて〝仕切り直し〟の決意の表われか、流れるような汗をかきながらE君（二十歳）が相談室を訪れました。着尽くしたような冬の背広、地味なネクタイが、彼の年齢から考えてみてもどこかアンバランスです。

しかし、そのぎこちなさが何かE君の純心さを伝えてくれるようでもありました。

「たしかに僕は今、人間のクズをしています。でもやっぱり人間のチリくらいにはなりたいです。チリも積もれば山となる、と言いますから。

僕は闇を断ち切ろうと思って〝都〟(関東)に出てきたんです。僕は親父の鼻っ柱を折れるような、世界を動かす人間になりたいんです」

面接室のソファーに座るなり、いきなり話し始めたE君に、現実への焦りを感じました。

九州西海のある末寺の次男として育ってきたE君は「冬は吹きつける潮風に向かいながら海岸端を走り、夏は照りつける太陽と大空のもとで泳ぎ、誰よりも輝いていた」と言います。

父親は高校教員を務めながら、副住職として村の顔役でもありました。母親は国語教員の経験を生かし、寺で書道塾を開いていました。

彼は当時の自分を思い出して話し続けました。

「兄姉と僕はいつも〝寺の子〟として、村の人にフィルターをかけて見られていた。

特にお年寄り達は友達と遊んでいても僕だけに挨拶をしてくることが多く、〝特別待遇〟がつらかったです。

両親から特別に厳しくしつけられたことはありませんでしたが、盆、彼岸になると衣をつけて父親と並び、本堂でお経をあげるのが嫌でした。集まる村の人々や父親と一緒に読経していると『寺の子、しっかりしろ』と聞こえてくるようで足を崩すこともできませんでした」

自分の真面目さがかわいらしく思えたのか急に苦笑いするE君でした。

「寺の子、先生の子らしく優秀だった兄」と「物静かで読書好きな『さすが品のよい寺のお嬢様』の姉」

そんな二人を前にして、E君は学力の遅れをスポーツや「遊びの達人」でカバーしたと言います。そして小学校五年生あたりから「寺の子、先生の子は兄姉にまかせる」ことにしました。

ところが、小学六年生になって彼の「運勢」が変わり始めました。

中学三年生の姉が「暗い。ノイローゼ」と同級生からからかわれ、登校を嫌がるようになったのです。姉は朝になると足が立たなくなっていました。

父親は「気持ちをしっかり持って足を動かしなさい」と説教し、朝のお作法も一段と声が高くなっていました。しばらくすると姉は、家族と話さなくなり心を閉ざしました。

翌春、姉が卒業した中学にE君は入学しました。

そして「仏に見捨てられた」と言います。入学早々担任から彼はひとこと言われました。

「ああ、あの寺の息子か。姉さんはどうしている？　病院に通っているのか。兄貴はしっかり父親の後を継いで坊さんの大学に行ったのに。

Eもへこたれずにがんばれよ」

彼は全身に「侮辱という熱湯」を浴びせかけられた気になり、狂い叫びたかったと言います。

Ｅ君は、親友の「おい、Ｅ、体育館（入学式会場）に行こうよ」という声で「正気に戻ると、無我夢中で家に逃げた」

度重なる担任、校長の訪問を拒絶した彼は登校も拒否しました。事態を知った両親はしばらく静観することにしました。

翌年、姉は通信制高校併修の服飾専門学校に入学しました。「制服を着て、新しい友達がほしい」と寮生活を選びました。

ところが、Ｅ君は次第に担任への憎悪が姉や両親に変わっていったのです。

「月に一度帰るたびに姉は明るくなっていた。友達をアダ名で呼び、アルバイトも始めたと〝自慢話〟を話す姉が憎らしかった。

そして一緒に嬉しそうに〝はしゃぐ〟両親の様子が、僕への当てつけのように思えた」

Ｅ君は登校拒否して三回目の元旦の夜、その苛立ち、戸惑いを家族に吐き出しました。

「ふざけるな。友達もいない、大切な小学校時代もとぎれてしまった俺の人生をどうしてくれるんだ。

姉のために俺はこうなったんだ。父母も十五歳の子どもの俺がどんなに心が揺れているか考えたことがあるのか。おとなしくしていればいいと思っているのか。この状態は俺の責任じゃないんだ。俺はもう異常になっているんだ」

すると押しとどめる母親をふり払い、父親はE君に手をあげました。

「甘ったれるな。生意気な口をきくな」

E君はかけてある父親の法衣を投げ捨てるとこう言いました。

「みんな、高校へ行くんだぞ。俺の一生を軽くみないでくれ。オマエ達も俺のようになれば分かる。責任を取ってくれ」

責任を取るとは、「黙って聞いてくれ」ということです。

十八歳の誕生日でした。

「姉や両親をいくら憎んでいても年齢は重なるばかりだった。孤独だった。みんなは大学受験なのに、僕は小六で停まったままだった。あんなに元気だった自分なのに。自分にプライドを持ちたい。

僕は部屋の中でひとりプロレス中継を見ていた。その時、仏様が僕に声をかけてくれたんです。

『俺の人生にも一度くらい、幸福な時があってもいいだろう』

そんなプロレスラーのセリフが聞こえてきて支えになった」

E君は、両親の部屋から通帳を持ち出すと〝凱旋〟を夢みて身を隠すように電車に乗りました。

しかし、夜の博多（福岡）は甘くありませんでした。かつあげされ、帰りの電車賃を渡され身ぐるみはがされました。不安が増すといつのまにか家に電話をかけていたと言います。

母親が電話口に出た時、E君は全身の力が抜けました。

「Eなの、どうしているの」

「あの…」

「すぐ戻っておいで。待っているから」

E君は電話ボックスにうなだれ泣きました。

そして、家に帰るしかなかったのです。

相談室を訪れ、こうしてこれまでの自分自身を語るE君を見ていると、私は服装のアンバランスさも意味をもって見られるようになっていました。

生きるためには取り繕っている余裕などないのです。それでも、社会人であることを意識しているひとつがヨレヨレのネクタイであり、着尽くした冬の背広でした。

「僕はガキだった。その日から母親のやさしさも受け入れず、二年間は酒の飲み方を覚えただけでした。僕は酒でアルコール漬け、みんなは大学を卒業し、就職し、恋をし、結婚していく。これから先、僕はどうしたらいいんだ、とずっと悩んでいました。

『誰か助けてください』と母親を部屋に呼び手を合わせて頼みました。母親は僕をしっかり抱いてくれました」

そしてE君は、私の引きこもり関係の本を読んでいた母親から、相談室を知らされたと言います。

「松戸市。地図を見ても分からなかった。でもこのチャンスを逃したら、生まれ変われる日は一生来ないかもしれない。それに僕みたいな人がどうやって元気になっていったか知りたかったんです。それで〝都〟(関東)へ…」

話しては何かに気づいていくE君でした。

旅立つ日、E君は父親の法衣の横に真新しいもう一着が掛けられていたことに気づき始めていました。

12・ただ聞いてほしかっただけ

「僕は、今でもあの日（小学六年生の一学期終業式）のことが忘れられない。

頭に熱湯をかけられたようだった。このまま何かのショックで入院できたらと思った。

みんなは、明日からの夏休みを喜んでいた。でも僕は地獄の底にでも落ちていくような予感がした。恐ろしくて全身が固まってしまった。

最後の授業が終わろうとしていた。みんなは『三、二、一、〇、イェー』と言った。僕はそのままここで息絶えてしまいたかった。みんなは本当に楽しそうに連れだって帰っていった。

僕は成績表の入ったカバンを持って、帰る家を探していた。それは成績が二か三か一しかなかったからだ。それでは僕に期待を寄せる両親に渡すプレゼントにならなかった」。

口数の少ないＦ君（中三）は、か細い声で話し終わると一息つきました。彼は対人不安におののいていたのです。

「みんなからジロジロ見られているようで外に出るのがつらい」と言います。

「あの日、とにかく母に成績を見せた。優しい目だった。でもビクビクしながら、次に出てくる言葉を待った。母はひとこと『いいのよ』と慰めてくれた。僕は母に申し訳ない、と思った。そして心の中で何度も『この次はがんばるから』と繰り返した。

その言葉を母にも父にも言わなかった。言えば〝失敗〟は許されないと思ったからだ。

本当は『もうがんばれない』と言いたかった。だれかに意気地なしの僕の気持ちを聞いてほしかった。そんな僕を周りの人達に知られるのも怖かった」

Ｆ君はこの頃から他人の目（評価）が気になりだし、

「馬鹿にされているんじゃないのか」と思い、

「心にバリア」を築いていきました。

そして「孤独」と「プライド」に悩み、私立中学で力尽きました。

いつの頃からか、休みを前にすると「もうみんなからジロジロと〝観察〟されることもなくなる」と思い、安心することができました。

中学二年生の夏休み明けから「他人も自分も傷つけないで、安らげる場は自分の部屋だけ」となり、閉じこもると学校を休み始めました。

F君は逃げたわけではないのです。これから先に向けてジャンプするために引きこもったのです。

だからこそ、その気持ちを誤解しないで「誰かに聞いてほしかった」と言います。「聞いてくれるだけでよかった」のです。

でも、F君の親だけでなく多くの親は「途中まで聞いても最後まで聞けなかった」と、その日のことを後悔します。

わが子から不安を聞くほどに親は心に余裕をなくし、あらたな不安を抱えきれなくなります。抱えきれなければ話している子どもに「突き返す」しかありません。「がんばりが足りない」「気にしすぎだ」「そんなささいなことで…」「○○しないから悪いんだ」

もちろん、親は後に子どもから「聞いてくれなかった」と言われた時、「聞いて、アドバイスも励ましもしたではないか」と言います。

「最後まで聞いてあげなかったね」とは言いません。

なぜなら、親は抱えた不安をアドバイスや励ましと言いかえて、わが子に突き返していたことに気づいたからです。気づいたら謙虚に「ごめんね」と言えばいいのです。子どもは親の素直なそのひとことを聞けた時「がんばってみよう」と思い、引きこもった気持ちからジャンプしていくのです。

ある高校一年の女子からこんな手紙が私のもとに届きました。

「はじめまして、先生の本を何気なく手に取ったのですが、まるで自分を見ているかの

ような部分もあっちこっちにあり、人目の多い図書館であったのに涙が止まりませんでした。

私は頭も悪く、本文に出ていらした方々のような完璧な子ではありませんでしたが、手のかからない子ではありました。

母親が仕事で帰りが遅いので、代わりに食事を作ったり母の仕事の愚痴を聞いたり、母は仕事が好きな人だから、なるたけ自分のできることはしてあげたいと心から思っていました。家族の仲もよく、笑いの絶えない本当にいい家族でした。それを私が変えてしまってから、もう少しで二ヶ月になります。

原因はいろいろありますが、特に大きかったのは、お金と親の期待ではなかったかと今、私は思っています。きっかけは母が私に言った言葉でした。高校に入り怠け者だった中学時代を取り返そうと、私なりにではありますが、努力しました。

それは他の人と比べてしまえば、努力のうちには入らないようなことかもしれません。

私はもともとのんびり屋でいい加減な人間だから。でもそれでも自分なりの努力をしていました。

しかし、進学校で周りは頭のいい子達ばかりのクラスで、まぐれで入ったような私には結構きついものがありました。

そんな私に母は『お前程度の努力は努力として認めないよ』と言うのです。

少しでも勉強しようと思い、毎日のように通っていた塾も『高いお金を出して行かせてあげているのに、遊びに行っているんだろう』などなど・・・。

いろいろ言ってきたのです。それは母のその場限りのただ気が立ったから言ったような言葉で、後から母に『どうしてあんなこと言ったの』と責めても、母は『そんなこと言ってないよ』と忘れているようなことなのです。

でも私は昔からそれをされると本当に落ち込み、翌日、学校を休んだりしていました。

今回のショックはいつも以上にひどく、家出をしました。すぐ見つかり二日で連れ戻されましたが、親は私に相当腹を立てたようでした。

それからです。私が親と口を利かなくなったのは。

二ヶ月の間に少し話し合いの場を持ったり、保健室の先生に間に入ってもらったり、それがかえって逆効果のところもありました。母に泣かれ、父に殴られ、いろいろありましたが、私の親に対する不信感は消えませんでした。

前にも書いたように原因はお金と親の期待です。私は家にあまりお金がないことはよく分かっているから、お金に関して言われるのがとてもつらいのです。

でも親の大学を出てほしいという期待に応えるためには、公立ではなく、私立に進学するしか、バカな私には道がありませんでした。私立にはお金がたくさん要ります。母から『あんた、自分にどれだけお金がかかっているか分かっているの』といったたぐいのことを言われるたびに、分かるからこそつらかった。

今、学校は楽しいし、友達ともうまくいっています。でも学校はお金がかかるし、成績の上がらないこの状態では親に迷惑がかかる。だから学校をやめなきゃ、という考えが頭から離れません。もう今はどうにもならない状態です。このまま親と口を利かずに生きて行く以外に方法がないのでしょうか。

本当に思いつくままに、いろいろ書いてしまいました。ただ誰かに聞いてほしかったんです」

この少女は、今、自分は何をしなければならないのか、全部分かっているにちがいありません。

「ただ聞いてほしかった」というのは自分の人生の担い手は自分であることを自覚している言い方です。それは「ひとりではない」ということを確認したい願いのこもった言葉でもあります。

親は子どもをみくびってはいけません。親ができることは子どもの苦悩を「ただ聞く」、まずそれだけです。それが他者との人間関係を尊重する人権マインドです。

「聞くだけで親か」と疑問を持たれるかもしれません。それが悲しいことに、親だから

聞けないのです。子どもの前途が親の前途になるからです。苦楽を共にする「逃げられない関係」が親子関係なのです。

しかし、それだから子どもはふがいない身になっても、親は「自分を見捨てない」と信じることができるのです。

その信じきる瞬間が、子が親に自分の存在に条件をつけないで弱音や愚痴を、「ただ聞いてもらえた」時です。

あらためて問い掛けます。

あなたを丸ごと聞いて肯定してくれる「還《かえ》る家」がありますか。

第二章　ファミリーカウンセリングに学ぶ
つむぎあう人権Ｑ＆Ａ

1．甘えてもいいんだよ、でも人の甘えも聴こうね

人間関係は変化するもの。好きだった人が嫌いになったり、また状況が変わると好きになったり。人権もそのような中で見ていくと、柔らかく理解できます。だから人を決めつけてはいけません。人間関係をあきらめてはいけません。決めつけ、あきらめることが人権侵害そのものです。

本当に私はこう思います。

難しい言葉に諸行無常とありますが、この中には命の尊さ、人への限りない愛、そして人権マインドが込められているように思います。

だから、やっぱり自殺したら〝損〟ですね。だって変化するんですから。

ある中学生に人間関係と命の大切さ、そして人権についてお話しました。こんなお便りをいただきました。

中3の女子です。友達はたくさんいます。

先生達とは仲が悪いけど友達がいるので、とても明るく
学校では過ごしています。

でも、心のどこかが寂しくて最近、家にいると電気を消していつもベッドの中で空ばっかり見ています。

私は勉強が苦手です。そのことでも先生といつもけんか腰になってしまいます。

今日も担任に「先生を助けられない」と言ってしまいました。

すると担任から「あなたは何様なの？」って言われてしまい、ショックでした。

人と関係を持つことに疲れてしまった感じです。

夜、ひとりでいると何回も「自殺」を考えます。

大好きなおばあちゃんはいつも「自殺は一番の親不孝」と真剣にやさしく私に伝

えてくれます。「自殺」を考えると、いつもおばあちゃんが頭によぎってきます。

今、すごく気持ちが弱いです。先生達とも仲良くいたいです。

私は幼い頃から持病を持っていて、手術も二回しました。お母さんが看病してくれました。手術で一番傷ついたのは、生んだお母さんだと思います。

勉強ができない分、やさしさは忘れずにいたいといつも思っています。私が寂しい顔やつらい顔をすると、一番に傷つくのはお母さんです。

だから、私は私生活でいつも笑っていようと心に決めています。

でもすごく寂しいです。生きていることに実感がないのです。

長々と書いてしまってすみませんでした。


（中三・女子）


あなたはお茶目で、とってもかわいい子だなと思いました。

でも、それを相手にどのように伝えたらいいのか。その表現に悩んでいるのではないですか。甘え方に悩んでいませんか。

だから友達はいっぱいいるけれど、時々誤解されたりして寂しい気持ちになってしまうこともあるのではないですか。

そのことを振り返って思い出し、学び直ししようと会話している相手が、空なんでしょうね。

ボーっと山を見たり、虫を見たり、子猫なんかとたわむれたりしている時もそんな時なんでしょうね。

担任の先生も疲れていたのか、分からずやですね。

あなたも心に余裕がなかったのか、少しストレートな言い方をしたのかもしれませんが、先生も負けずに直球ですね。

なんか親子のぶつかり合いに似て、少しうらやまし

い気持ちもしますよ。

先生にもきっと、ごきげんな日があるんでしょ。そんな日はあなたも先生にすっかり甘えているのではないですか。

だから人って、人間関係って変わるんですね。

よく考えてみると自分も変わっていますよね。泣いたり、笑ったりして。

人間関係に疲れた時は少し間隔をとって空でも見ていましょう。休憩してもいいということです。

でもそのままいると変化を見られないから〝損〟だよ。

少しだけすねたら、もう心の傷口を磨くのはやめて、また話していきましょうね。

相手の人も傷口を磨くことをやめようとしているんだから。

そして「生きている実感」をつかもうね。

相談室を訪れる子ども達と接していると、「本当にかまってほしい子が増えているんだな」と思ってしまいます。こちらの気を引きつける表現はいろいろありますが、これまでもあったような突っ張ったり、反抗的な形よりも内省的でちょっとはかなげな感じがします。何か、霧の中に立っているようなイメージです。

だから心もとなく現実感が希薄です。人とのやり取りが少ないので、どうしても他者との関係の中で自己の存在を確立（現実感）し、安定感を得ていくことが弱いのです。

だから、人と人と絡み合うことで学ぶ人権マインドも育っているとは言えません。やり取りするには相手から傷つけられる、否定される、拒否される可能性を百パーセント取りのぞくことはできません。

だから傷つくリスクを背負ってこそ、癒されるチャンスとめぐり会えるとなるわけです。

幼い頃からやり取りが少ない環境に育つと、傷つきたくない思いが先立ち〝内省〟

状態に逃げ込んで、相手からの声掛けを待つ、といった受け身になりがちです。

相手に、傷つくリスクを背負ってもらうばかりの関係を身につけてしまうと〝独り善がり〟にもなりやすく、人間関係は閉鎖的です。

そこで、自分の人権は訴えても他者の人権をその思いで押し切ったりしてしまいがちです。

性格的に〝引っ込み思案な子〟〝自信のない子〟はいつの世もいます。

しかし人間関係の希薄化が招いた〝はかなげな子〟達には、もっと意識した私達から、積極的に関わりを持ち「けんかしてもあきらめなければ仲直りできる」ことを伝えていきたいものです。

人権マインドはこの中で育まれていきます。

余談ですが、みんなが傷つくリスクを拒否し、はかなげになるとバーチャル化し真実が見えにくくなります。そして、気がついたらファッショに身をすべてゆだねていたということにもなりかねないのです。

だから「いい子」「いい人」になって〝楽〟していることは、ファッショな流れを作る一翼を担っていることになるのです。

よく戦争を知っているお年寄りが、「今の子は根性がないから戦争が起こっても私達の時のように戦地には行かないだろう」と言いますが、私はそんなことはないと思います。根性の問題ではないのです。リアリティーのない（生きていることに実感がない）ことが問題であり、地下鉄サリン事件はそのことを証明したのです。話が飛躍してすみません。

ところで彼女は笑って「いい子」でいようとしているようですが、まだ心の中はリアリティーをあきらめていません。内容的には一見、矛盾しているように見えますが、葛藤しているから救われます。

この両面感情を口にして、関わりをたくさん重ねていってほしいものです。それだけにせめて、彼女の周りにいる大人は否定と肯定の、時に食い違って見える思いをしっかり聴いていく心がけが必要なのです。

「友達がいたら、空ばっかり見てはいないよ」などとゆめゆめ言うことなかれ、です。

ここでは私の相談室に悩みを抱えて訪れた人達とのQ＆Aを紹介しつつ、人権マインドをみなさんと共に育てていきたいと思います。

2. 〝うわの空〟で聞いていませんか？

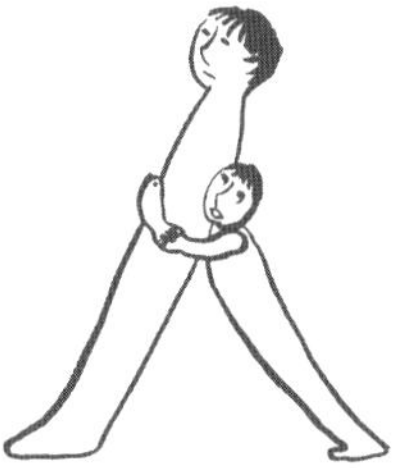

　父は僕に関心がありません。なにか話していても、すぐに「わかった、わかった。それがどうしたんだ」「つまり、どうしたいんだ」「いいから結論から先に言え」と言います。
　本当は僕の話を聞く気がないんです。それに僕の話を聞きながらテレビのチャンネルを変えてばかりいるんです。
　心がここにないんです。父は〝うわの空〟で、つき合い程度しか僕の話を聞いてくれません。

（中三・男子）

たぶんお父さんも悪気はないと思います。なぜなら十分と言わないまでも、君の話を聞こうと努力している姿が見えるからです。

ただ真剣に向き合うことへの思いに若干の差がありそうです。だから君の話を省いて聞こうとしたり、テレビ番組も気になるのでしょう。

「もう少しちゃんと聞いてくれないと、僕は話すことに疲れてしまうかもしれないよ、お父さん」って勇気を出して言ってごらんよ。

家庭の中で心掛けたい人権マインドをカウンセリング的関わりから具体的に学んでいきましょう。思いやりに気づき合うコミュニケーション・スキル（勘どころ）と受け止めてください。

家族関係は親子だけではありません。夫婦、兄弟、祖父母、孫、嫁、婿、舅、姑、いろいろなバリエーションがあります。

よく私の相談室を訪れる母親の中に「家族の中で私だけががまんして、損している」と訴える人がいます。

たしかにそれは夫との関係の中で言えるかもしれませんが、その分わが子にがまんさせている可能性も見落とすことはできません。

自分への人権侵害には敏感で、他者には鈍感であっていいはずがありません。特に、親の子に対する横暴さは目につきます。

だから極端な決めつけや、関係のあきらめは慎むことですね。

さて、父親への不満を訴える少年は「僕の話を隅から隅まで全部聞いてほしい」と言っているのでしょうか。そんなことはありません。

人が人に話しかけるということはけっこう関わるエネルギーがいります。

なぜなら断られる（無視される）リスクを背負っている時もあるからです。少年は父親の聞く姿勢に寂しさを感じているのでしょう。

いつもなんとなく自分の話を〝うわの空〟で聞かれたり、途中で切り上げられるような言い方をされると悲しくなってしまいます。

特に今日こそ聞いてほしいという日にそんな対応をされると、かえって話すことをあきらめてしまいかねないのです。

父親だって、子どもが自分の話を心ここにあらずで聞いていたら、腹が立つと思います。まあ、すでに互いが無関心な関係になっていたら、話しかけたり、聞き方への期待も不満もわいてこないと思いますが。

関わりに冷めていくと当たり障りのない、一見平和な家庭になります。その繰り返しが危険です。

あきらめないで「聞いてよ！」と言える雰囲気のある家庭を育てたいものです。

人権マインドは、天から降ってくるものではなく、そのような営みの中で獲得していくものでもあるのです。

3. 自分を責めていませんか？

中三の息子は一年くらい前から明るく登校拒否をしています。部活や担任との関係で嫌なことがあったようですが正直なところは分かりません。

買い物にも出掛けますので、学校に行かなくなった頃の暗さを思えば安心しています。

ただ最近、大人しく、いい子なのですが「人の目が少し気になる」と言ったり友達との電話もなくなり、卒業を前にして将来が心配です。こんな時、父親は無力です。

（五十二歳・父親）

「無力な父親」と自分を振り返るお父さんに私は「やっぱり親には勝てないな」と感じました。

なぜなら無力は、そのつらさをお父さんが背負いきる覚悟で、真剣に向きあっているからこそ出た謙虚な言葉だからです。

いくら子どもの身代わりになろうと思っても、生きていくのは本人です。

一人ひとり、そのつらい現実から逃れられません。

しかし、父親が子どものつらさに無力な存在であることを自覚している時が、子どもにとっては父親を身近に思える時なのです。

家族だから、親だからこそいやな心配はかけたくないと思って、相談できないことっ

てありますよね。

身内だと他人事にしてその抱えているつらさを聞き流せないからです。そのつらさを逃げないで一緒に引きずってくれる姿を、知れば知るほど話せなくなるものです。せつないですね。

だから子どもが親に、親が子どもに「つらいよ」とグチったりすると思わず「そんなつらい話を私に聞かせないでよ」と言ってしまうものです。

それはつれない言い方に聞こえますが、よく考えてみると他人事にできない自覚を持っているからであり、心に余裕のない照れ隠しです。

みんな分かっているんです、問題解決の当事者は自分であることを。

それだけにつらさを抱えて明るく振る舞っている息子さんが、お父さんにはいじらしいのでしょうね。

だからこそ救いの手を差しのべたくなって、ふれてはいけないことにふれたりしてしまい落ち込むことも多いものです。

そんな時、結局はその行為が親の不安を安心させたいためにふれていたんだと気づき、親の身勝手さに涙し、本当の愛とはなにかを知るのでしょうね。

もしかしたら、子どもに期待しないことが本当の親の愛情ではないか、と気づくのもそのひとつです。もちろんあきらめでも、開き直りでもありませんよ。

ところで卒業を前にして家族も緊張しているのではないですか。

息子さんからは進路について何も話が出ていないようですが、卒業後の受け皿というか帰属の場は意識していることでしょう。たぶん「人の目が気になる」のは評価とか比較される現実が近づいてきたからでしょう。受験ですね。

この焦り、苛立ちを「俺は高校に行かない。プー(太郎)する」と言ってかわし、内心ではかなり現実検討しているものです。長期に不登校していると情報不足もありますから「いざその時」の準備は担任としておいた方がいいですね。

ただ大切なのは父親の威厳などは無視して、彼が不安を吐きやすいように無力なまで手の届く範囲に寝ころんでいてください。

4. 〝独り善がり〟で防衛していませんか

一つ年下の彼と別れて一年になる二十一歳の女性です。彼は別れる時「もっと話をしてほしかった」と言い、無口な私につき合いきれなかったようです。

私は今でも「小学生がスーツを着てる」と言われるように背が低く、そのことで小・中・高校、就職してもイジメられてきました。

劣っているだけでなく、人との間に「カベ」も作り、誰とも話さないようにして生きてきました。甘え方が分からないのです。

（二十一歳・M子）

無口になって生きてきたのは、あなたが人とのふれ合いから逃げたのではなく自分を守って生きのびるために必要な道だったんですね。

母親以外の家族とも話さないようですが、その心の奥底には自信のない自分を見透かされているのでは、という劣等感があるんですね。

人を信じても劣等感を指摘される恐さを思うと頼ったり甘えたりはできませんよね。

そこで開いた傷口は、自分の力で閉められる程度に、心の傷を第三者に話してみませんか。けっしてしゃべりすぎないようにね。

顔を合わせるとケンカになったり腹が立ったりするのに、離れていると気になると

いう人間関係があります。いっそ他人の関係ならいいのですが、親子、恋人関係だと困ってしまいます。

近い人間関係には相手に対する深い思いやり、期待感もあるのでその状況に応じた対人関係の距離が取りにくいのです。

好意があるからあきらめができなく、また親しいだけに拒絶される恐さもあります。そしてそんな葛藤を抱えれば抱えるほど相手に対して「こんなに私はあなたのことで苦しみ悩んでいるのに気がつかないのですか」という不満、あるいは押しの強さが出てきます。

この感情を相手に小出しに伝えればバランスの取れた人間関係が作れます。ところが場合によっては受け入れてもらえない可能性もある、というリスクを背負えないと話せなくなります。傷つきたくないんですね。

しかし内面を語っていかないとどうしても独り善がりになってしまいます。

大人しくて、いわゆる「いい子」ほどいざとなると頑固なものです。

はかなげな人ほどけっこう根性があるということが…。

また感情の小出しを日頃からしていないので、「いい子、いい人」でいることの限界になると人間関係を一方的に断絶したり、感情の露出になって相手をびっくりさせたりします。独り善がりの感情が突然に言葉となって突きつけられてくると、誰だってびっくりしますよね。

第一章でもふれましたが、よく「いい子」が思春期、成人になってから過去にさかのぼり親に向かって「小さい頃どんなにがまんしていたか、分かっていたか」と怒り出すことがあります。その時、父親などが「今頃そんなことを言われたって」と困惑するパターンと似ています。

対人関係で何度も傷つき体験を重ねると「カベ」を作り心を保護しようと防衛します。甘えたり弱音を吐くことをあきらめて独り善がりから自己愛に入りがちです。

自己愛は〝自己チュー〟になりがちです。相手の弱音を聞くつもりであなたの弱音を小出しにしてみませんか。

5. 割り切りすぎてもいけませんね

五歳の息子を持つ母親です。夫と別居して半年になります。これまでも夫と心が通じ合えない不満を私は持っていました。夫は何を話しても自分の気持ちを返してくれる人ではありませんでした。

だから今年に入り、特定の女性とつき合い始めたことが分かった時、私は夫に出て行ってほしいと言いました。

ところが最近、息子が「とうちゃん、帰ってきてほしい」と泣くのを我慢しながら、私に言うのです。

（三十三歳・母親）

梨のつぶても続くと寂しいものです。相手は何を考えているのかわからなくなるし、もしかしたら私のことを嫌いなのではと小心になってしまいます。ただ相手の事情もありますから、自分に都合のいい反応を期待しているこちらの心のわがままさにも、時々、向き合わないといけませんよね。

父親を慕う子どもの心は、父子関係から言えば尊く、邪険にはできません。

その気持ちを「ただ聞く」ことのあなたのつらさが、子どもが現実を受け入れていくつらさに共感することになるのです。

誰も不和になることを予想して結婚する人はいません。

また、わが子に両親の亀裂の苦しみを背負わす気で離縁する人もいません。

ところが生身の人間同士、気がついたらまったく反りの合わない夫婦になっていたり、自分の最大の理解者だと思っていた子どもが、意外な心をのぞかせたりするものです。

自分の心も変化するのですから、他人の心も同じです。いつも互いに変わることのない心で結ばれていようとすることは、願いかもしれませんが現実には難しいものです。

それぞれ、背負う人間関係が違うからです。そこを焦ることなく少し余裕を持って見守りたいものです。ただ重要なことは互いがいろいろな気持ちを見せたとしても、そこに「あきらめない人間関係」があるかどうかだと思います。

別居が夫の女性問題にあるように見えますが、それはやはり切っ掛けであって、その前に「夫は本当に家族を作ろうとしているのか、私を妻として必要としているのか」という問いかけがお母さんにはあったと思います。

その手応えの希薄さが、結婚以来の不安になっているのではないでしょうか。なんでもかんでも口を出し、問い返されるのも疲れますが、のれんに腕押しも度重なるとやりきれません。

やはり善くも悪くもほどほどにコミュニケーションがないと悲しくなります。関わるエネルギーが見えないからです。声を掛け合う、自分の時間を少し相手のために提供する、そんな関係があってこそ互いが必要とされている、大切にされているという実感を持てるのではないでしょうか。

極端な言い方に聞こえるかもしれませんが、お母さんが夫に対して「出て行ってほしい」と言った時、恥も外聞もなく夫がお母さんにあきらめることなくコミュニケーションを取っていたら、お母さんの心も別な揺れ方をしていたと思います。

「なぜ彼女を選ぶの、かばうの」といった悔しさがお母さんにはありますよね。

これは子どもも同じです。お母さんを困らせても、あきらめないで自分を必要としてくれる母親の姿を、子どもは目のあたりにしたいのです。

6. あきらめ気味になっていませんか

夫を亡くし長女夫婦と同居しましたが、保育園に通う三歳児と五歳児の孫の世話ばかりさせられて楽しみがありません。少し乱暴な男の子に育ててしまったようで、いつも先生から私ばかりが「家庭で厳しく育ててください」と叱られています。娘夫婦は働いているためかとても孫に甘いので、私だけが注意しています。

そのためか孫は二人共、私が嫌いなようです。こんなことなら独り暮らしでがまんしていればと悔やんでいる毎日です。

（五十六歳・祖母）

「こんなはずではなかった」と現実を受け入れないことから後悔は始まります。しかし振り返ってみれば、幸せになる道を考えたすえの同居であったことでしょう。

だからこの選択は限られたあの状況の中では間違っていなかったのです。

そして独りで生きていくことができない私達は、予想の難しい変化する人間関係をその場その場で謙虚に受け止め、次に生かしていく宿題を与えられているのです。

人間関係に正解はありません。仲良く暮らしたいと願い揺れている心を長女に相談してみてはいかがですか。

すっかり娘さん夫婦から頼りにされているようですね。いやそれだけではなく保育園の先生からも〝力強いおばあちゃん〟としていろいろ期待されているのでしょうね。押しつけられていると思えば腹が立ちます。期待されていると思えれば愚痴のひとつやふたつ言ってまた踏ん張れます。

「私だから安心してまかせてくれている」と少しプライドを持って受け止めることができれば、娘夫婦に胸の内を伝えることもそれほど苦にはならないでしょう。

現実は同じでも受け止め方ひとつでずいぶん心の負担も変わるものですね。

こびることなく、さげすむことなく、その現実の人間関係を受け止めていくには、やはり程度の差はあれ、相手に自分の気持ちを出していく努力が必要だと思います。

気持ちは出した分だけ相手の気持ちも入ってきます。

いわゆる愚痴も何も言わないで、いつもニコニコしている「いいおばあちゃん」がいます。それはそれでいいのでしょうが、「なにか不満のひとつくらいないのですか。生きているんだから、そんなに早めに仏さまのように振る舞わないでくださいよ。

もしかしたら（人間関係に）あきらめているのではないですか」とたずねてみたくなることがあります。本当にあきらめて常に水に流してくれていればいいのですが、どこかでしっかりと恨みや憎しみに置きかえてため込んでいる場合があります。

独り善がりな人間関係はこんな日常の中で作られていくのですね。

相手の心の余裕を見ながら、こちらのやるせない気持ちを出してみることです。そしていっぱいいっぱいだった気持ちも少し吐き出せて楽になれば、「ちょっと言いすぎたかな」と相手の気持ちも入れやすくなります。

逆にこちらの気持ちを分かってほしかったら、先に相手の気持ちを汲み取ってみるのもひと工夫です。

汲み取った分だけこちらの気持ちを入れてくれるというわけです。

「私は損している」という気持ちがあるとすれば、それだけあなたはこの人間関係に思いを込めてきた、ということです。

その心を独り占めしないでくださいね。

7.「面倒臭い」から人間関係はつながっているんですよね

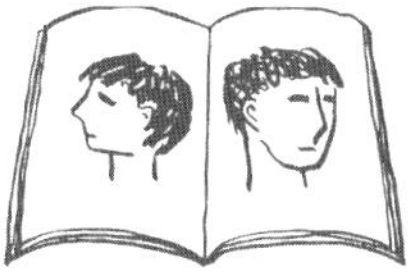

今年は最終学年の中三なのに次男は不登校を始めて一年になります。対応を考えて原因をたずねると、コミュニケーションが遠のいて近づいてもくれません。

学校以外の話なら同じ話を何度も繰り返すくらい喋ります。だんだんこちらから話し掛けたり、聞いているのが「面倒臭い」ので、ノート交換でお互いにサインをして意思疎通を取っています。

でも、これでいいのでしょうか。

（五十歳・父親）

お父さんはすでにお気づきのようですね。なんとなくモヤモヤされていたのでしょう。

でもどうすることもできなくて不安や疑問を抱えながらも思いきって「ノート交換」という〝強行手段〟に出たのではないですか。

学校以外の話ならするという息子さんに、若干、「現実逃避」を感じたからではないですか。

いくら聞かれても今は話せない、いやあの世に行っても胸におさめて「だんまり」するしかないことってありますよね。

学校云々よりも話せるパイプを詰まらせないことですね。

こちらのお父さんは子どもとの対応で、少し心にためらい、ざわめきを感じたとこ

ろで、そのまま素直に相談室にみえられ〝一命〟を取り止めましたが、多くのお父さんは「甘やかしてはいけない」と子どもの思いを振り切って〝強行突破〟していきがちです。

そんな時、建て前の教育論にしがみついて、周囲の反対を押し切ったりもします。

本当は子どもが思い通りにことが運んでくれなくて、ストレスから「面倒臭い」という心境になっている場合が多いのですが、そこが謙虚になれないのです。父親の威厳にこだわってしまうからでしょうか。

結果として子どもが口をきいてくれなくなったり、ふれようとすると遠のいていく場面に遭遇します。

すると、わが子から拒絶されるのは悲しいことですから、さらにふれようとします。そして皮肉にも子どもが「ふれてほしくないことにふれてしまう」のです。

ここにきてコミュニケーションは完全に断絶します。するとつくづく思うのです。

「学校なんか行かなくても、(就職なんかできなくても)わが子と会話さえできればいい。この一錠をのめばすんなりとわが子と会話ができる、という薬があったら百万円でも買いたい」。多くの親御さんが初回面接でながく言葉でもあります。

そんな時、私は思わず親子関係の原点をみつめてこう言います。

「声かけて返事をしてくれるうちが〝花〟だね。娘が門限を守ってくれるうちが〝花〟だね」。私の言葉に怒り出す人はいまだかつていません。

「本当に気がつきませんでした」とうなずいて子どものいじらしさに心を寄せていきます。

合理化したり、知識で割り切っていくことにためらいのない社会になっています。企業社会、経済至上主義の宿命かもしれません。

「面倒臭く、無駄が多い」と言ってはいけないこともあるのです。それが人間関係であり、特に親子関係はサインをしていることが意思疎通と思い込んでいたらきっと「水臭い」間柄になっていきます。

ニヒルな親子になるために一緒に住んでいるわけではないですよね。

8. 親も子も「いい人」になって〝楽〟してはいけませんね

仲のよい友達は、遊びで私の物を隠したり、悪口を言います。別に嫌じゃありませんが、だんだんと嫌になってきました。

私から遊びに誘うと断わられてしまいます。

私は友達の前でもっと本当の自分を出したいのですが、出しすぎると嫌われそうで出せません。

お母さんに相談すると先生に言いそうで、とても恐くて言えません。

どうしたらいいのか分かりません。

（中一・女子）

その友達はあなたにとってはきっと大切な友達なんですね。

だから「だんだん」嫌いになっていくことが不安なんですよね。

「悪ふざけもいいかげんにしてよ」と言ってみたいけれど、仲が悪くなることを考えると言えませんよね。

しかしあなたはもうかなり限界にきているのではないですか。これ以上、ひとりでモヤモヤしていると、自分の感情をコントロールできなくなる可能性もあります。

お母さんや担任以外の大人で話せそうな人にこっそりと話せる範囲で打ち明けてくださいね。

小・中学生に向けても講演をしていますが、アンケートに添え書きされた相談でし

た。

よく、いじめと意地悪とからかいはどう違うのですか、と質問されることがあります。これはとても難しい質問です。

それぞれを線引きするひとつの物差しがないからです。お互いの人間関係で決まるからです。

一方はいじめと受け止めているのに、相手は親しみから表現するからかいの場合もあります。もちろん親しみの表現方法に、自分自身の甘えというものがあったから、いじめに受け止められたのでしょう。

だからといってその後、まったく接触を断ったらそれこそいじめになります。互いに対人関係の距離感に悩んでいるのでしょう。

関心を寄せるひとつが、からかいで深まるにつれて、相手のふれてほしくない〝弱点〟に何度もふれると意地悪になり、人権が侵されていきます。

そして不快感を言語、非言語問わず相手が発信しているのに、継続的に〝弱点〟を突けば、これは立派ないじめです。

いじめは悪いが、からかいは許されるとは言えません。相手が不快感を持つかぎり、関心を寄せる表現方法をいろいろと気づかい考えなければならないでしょう。

これが互いにとっての相応しい対人関係の距離となるのです。まさに個別的対応の比重が高い世界です。

しかし、友達関係において、この相応しい距離をみつけるためには絡み合わないと分かりません。

不快感を抱いているのに徹底的に「私、何も気にしていないよ」と「いい子」を演じているのは、よりよき人間関係を作ることをあきらめ、その努力を放棄し〝楽〟していることも言えます。

また、相手との関わりの中で、自分の心に優越感やさげすみが起こったら、限りなくいじめる心に近づいていると受け止め謙虚になる努力をしなければなりません。

周囲の大人は子ども達がこのような努力を放棄しないように、手間暇かけて応援しなければならないでしょう。人権は手間をかけて分かり合うものです。

安易に白黒をつけるような対応は、相応しい対人関係の作り方を学ぶチャンスを奪い、〝見せかけ〟の人権主義者を作りあげてしまうものです。

応援の第一は、まず、子どもの悔しさ、心細さ、対立への不安を本人が出し尽くすまで「ただ聞く」ことですね。

どんなにつらくても子どもの人間関係を親は背負えません。

できることは親子関係を安心できる関係にして、子どもを支持、応援することです。

9. 〝自信〟がないからこそ気心知れた者同士で語り合うのです

夫は悪い人ではないのですが、子ども達（六歳、三歳）に聞かせたくない、使ってほしくない言葉をよく日常的に言います。

子どもとのスキンシップも「うっとうしい」と言って抱っこしたりしません。夫は甘え方を知らないのではないか、と最近になって私は思うようになりました。

また仕事のグチや悩みなども「言っても仕方がない」とまったく話してくれません。

（三十四歳・妻）

夫としては申し分なかった人なのに、父親としてはもう少し努力してほしい、と願っている妻達は意外に多いものです。

そのほとんどが子どもへの関わりの希薄さです。もっとストレートに体当たりしていけばいいのにと、じれったくなっているようです。もしかしたら母親のなり振り構わない姿に気後れして、格好つけているのかもしれませんね。

父親としての自信のなさが夫のプライドを刺激し、自然になれないのでしょう。子育てに限らず、あなた自身の自信のなさを夫に語って「弱音のはける」いい関係をみせてあげたら、それがスキンシップの手がかりになるかもしれませんね。

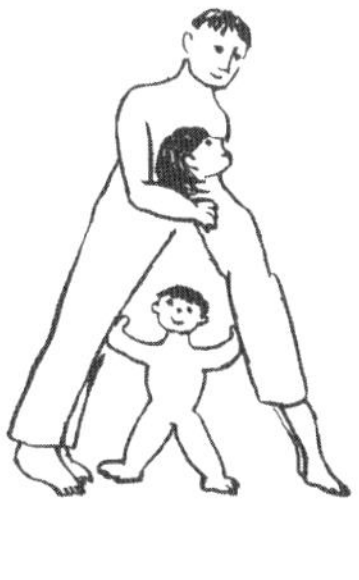

たしかに自分が心を寄せている人が、誰かを悪く言っていたり、少し行儀のよくない振る舞いをしているとがっかりするものです。期待がなければ失望もないわけですから、そんな場合はあこがれが強すぎたと、いったんほどよく思いを自重するのも、賢明かもしれません。

しかしこれが家族となると、他人事として見て見ぬふりをしているわけにはいきませんよね。まして子育ての当事者としての夫が、わが子に聞くに堪えない言葉を「日常的」に言っているとしたら、子どもの将来に対して不安はつのるばかりです。

ある母親が、いくらこのことを注意しても直してくれない夫に向かって、こんなひとことを私の相談室で言ったことがありました。

「あなたって、本当に、愛情のない言葉しか知らない人ね」

私はこの時のあまりの辛辣な言葉に驚き、旦那さんを思わず見てしまいました。

「あなたに傷つけられた」と言っている一方で、そのことで相手を傷つけていることもあるのです。人権侵害も関係性が大きく関わってきます。

きっとこの旦那さんにとって、一番言われたくない言葉だったのでしょうが、落胆は隠せませんでした。

思い余った母親の気持ちもわからないわけではありませんが、せめて「愛情が伝わる言葉を学んでください」くらいでおさめてほしかったと思ったものです。

たしかに「愛情のない言葉しか知らない」ということがあるものです。

「バカ」「マヌケ」「死んじまえ」「クタバレ」という言葉を毎日、洪水のようにあびせられたり、ごく当たり前に使う環境の中で育ってきた人はいます。

すると口癖になっていたり、時には励ましの言葉に思えている人もいます。

だからお互いの気持ちをすり寄せていくには、少し腰をすえて、それぞれ夫婦が歩んできた、これまでの個人的歩みに理解を向ける時間も必要だと思います。

ただ、日々子育てに追われていると心の余裕を失くし、互いの価値観を責めたててしまいがちです。

しかし、夫が抱っこできない、そこにはそのようにならないでは生きてこれなかった歴史があるのですね。

「抱っこできなくても無理もない」と妻が夫を思えたら、夫は少しずつ子どもに手をふれて、言葉もつつしんでいくでしょう。

甘えられるとその後の対応に困ってしまう。ついこちらも相手に甘えないように振る舞ってしまう。こんな切ない人間関係を安心して夫婦で語ることが大切ですね。

10．寂しい気持ちはまず家族に語ってから

いわゆる一流企業の本社管理者として勤め、後二年で定年です。単身赴任が続き、それが原因か分かりませんが、妻は私との生活に堪えられないと四年前に家を出て別居生活しています。

成人し結婚した二人の息子達もこのことに無関心です。妻への仕送りも続け、私は妻子から非難を受けることはありません。

ただ昨年の高校の同窓会で元恋人と出会い、お互いに再婚を意識するまでになってしまいました。妻との離婚が自然でしょうか。

（五十八歳・夫）

元恋人の女性があなたとほとんど同じ境遇にある、というのが不思議な縁であり、またその寂しさ、孤独感が互いの満たされぬ愛情の埋め合わせになったのでしょうね。

若輩者の私がこんな生意気なことを言ってすみません。互いに家族持ちであることを考えると切ないですね。

ところで私は〝完璧な夫・父親〟を自認する人生の先輩のあなたに、強がりを感じてしまいます。

息子達の無関心、離婚の「り」の字も言わない妻。その不可解さからくる寂しさを、正直に元恋人ではなく妻子にぶつけてみることが、まず離婚をとやかく考える前にするべき〝先決事項〟ではないでしょうか。

わが子の問題行動が切っ掛けで夫婦の避けてきた諸々の人間関係が浮かびあがってくることは、けっしてめずらしいことではありません。

だから思春期や青年期の相談活動の延長線上で、このような夫婦関係の悩みごとと出会うことはよくあります。

しかしすでに、子どもの自立に直接影響されることなく、夫婦の自立が抜き差しならないものになっていく時代に入ってきたことを最近、相談現場で実感します。

相談者のように、パーソナル化が若い世代だけではなく戦中世代にも加速的に浸透していることに驚きます。

さらにこれからは、個性化を訴える一方で企業戦士として家族の〝絆作り〟を妻子だけにまかせてきた、団塊の世代の男性がぞくぞくと定年を迎えます。

彼らは企業における人間関係でのわずらわしさ、うっとうしさは売上・賃金向上のために堪えてきました。

ところがそのストレスを、家庭においては「わがままな夫・父親」として強がって振る舞い吐き出してきたのではないでしょうか。

変わった表現になりますが、生活の豊かさを維持向上させるために、夫、父親の独り善がりな〝個性〟に、周りの妻子はつき合わされていたのかもしれません。

それは夫の「甘え」と言えば聞こえはいいのですが、その渦中に身をおいていた妻子にとっては「傲慢さ」として堪えていた可能性もあります。

「子は鎹《かすがい》」といいますが、その両親をつないでいた鎹《かすがい》が成人と共に外れていけば、夫婦といえども互いに遠慮している筋合いはなくなります。

すると急に目の前に広がる残された人生を自分らしく、もっと自分の心に正直に生きたいという願望が加速されます。またそこにそれが〝個性的〟であるかのようなあおりが、錦の御旗として現れたりするのです。たがはこうしてゆるむのです。

若い世代への学びとして、熟年世代であればこそ「焼けぼっくいに火がつく」ことを〝流行〟にしてしまうのはいかがなものかと思います。寂しさと向き合うことから逃げた離婚は、再婚への礎とはなかなかなりにくいものです。

11・〝強がる〟にも〝努力〟が必要なんですよね

高一の長男は、中学時代に腕力で張り合った友達から逃げるように、自宅から一時間半もかけて通うような高校に進学しました。

気持ちを切りかえて出直すつもりでいたようですが、そちらでも対教師暴力で停学になり、二学期からは登校が認められても自宅に閉じこもったままです。

小心なくせに正義感が強く、すぐけんかをしてしまう性格の子です。

最近では自分を否定的に言って泣いて「死にたい」と私に訴えてきます。

そして妻には暴力的になってしまうこともあります。このままそっとしておいて大丈夫でしょうか。

（五十歳・父親）

まるで〝任侠〟の世界に身をおいてきたような子で、自分の損得など考えずに〝純〟に生きようと必死にがんばってきたのではないでしょうか。

きっとお父さんもそんな彼に息子として誇りを持った時もあったのではないでしょうか。

しかし人間関係が複雑になる成人に向かって、その正義感が独り善がりになり報われない立場におかれることは多々あるものです。

彼は今、そのふさわしい対人関係の取り方に葛藤しているのではないでしょうか。まずは気の弱かった彼が体を張って努力してきたその気持ちを聴いて、結果の善し悪しではなく、ほめてあげることが大切ですね。

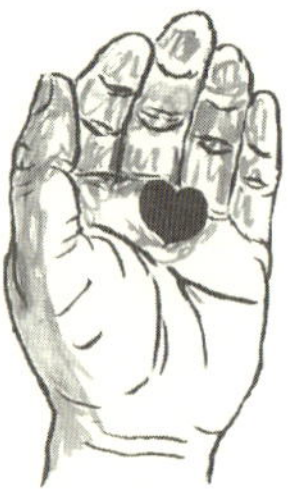

きわめて個人的な話になりますが、正直言って小心な性格の私は息子さんのような生き方にあこがれてきました。ただ小心な自分だから他人から見たら「ささいなこと」として一蹴《いっしゅう》してしまうような人間関係まで気になって〝グズグズ〟捨てきることなく、つながってこれたと思います。

でもこのように自分の小心さを否定から肯定的な見方に変えられるようになったのは、三十歳をすぎてからだと思います。いやまだその途上を行ったり来たりしているのかもしれません。そんな私がどうして息子さんにあこがれてしまうのか。

たとえば、私は子ども時代から人間関係の対立にまき込まれた時に、いずれにも嫌われたくないので〝グズグズ〟していたのです。ただもうひとつは格好つけたような言い方で照れ臭く言いにくいのですが、絡みあうそれぞれの人の気持ちを汲み取りすぎて〝犯人〟をきめられない子どもだったのです。

だからとかく〝立ち往生〟になったり、状況によっては一方から〝軟弱者〟呼ばわりされたこともあります。何かひとつくらい捨てる覚悟をして善悪つける勇気があればと思うのですが、小心さから逃げていたのです。

そんな時、息子さんのような友達をみると自分の小心さとしっかり向き合い一歩踏み出していく姿が「カッコイイ」もので、私自身の〝努力〟不足を恥じる一方であこがれていたのです。

ただ人間関係とは常に変化していくもので、状況によっては善が悪になったり、悪が善になってしまうことがあります。そうすると私のように立場を明確にしなかった者は、ほどほどにその状況の波に漂うことができるのです。〝損〟した者からは「要領のいい奴だ」と言われ悔しい思いをしたことも多々あります。

人の心は決めつけられないという思いが中心にあっただけで「要領がいい」と言われるのは心外でしたが、そのように言いたい相手の気持ちを汲んでしまい何も言い返せませんでした。

こんな情けない私からみたら、正義感を貫こうとした息子さんの〝努力〟に、自分の生き方を学び直さなければいけないと思うのです。

12．そっとしておいてほしい、ただそれだけ

出産前から夫に離婚を求めていたのですが応じてくれず、実家に戻って娘を産んで育ててきました。

この間いろいろありましたが、数ヵ月前に夫が突然私をたずねてきて、一歳半になった子どもを連れて帰ってしまったのです。

そして数日前に子どもの引き渡しを求めて夫と子どもに会いました。

ところが子どもは私を拒絶し、夫にしがみついて離れず大泣きするのです。取り合いになったのですが力負けしてしまいました。何を言われて娘は育っているのか心配でなりません。

（二十九歳・母親）

子どものしあわせも考え、夫のもとから離れて一生懸命に育ててきたのに、まるで〝略奪〟されるように連れ去られた。

あなたにはそんな悔しい気持ちがわき起こっているのではないですか。

ところが子どもは会わない数ヵ月の間にすっかりあなたの心を忘れてしまったかのように寂しい態度を向けてくるんですね。

つらいと思いますが、子どもは子どもなりにその瞬間で自分の安心できる空間を探しているものです。

子どもはあなたのことを嫌いなわけではないのです。

ただ、今、そっとしておいてほしいだけではないのでしょうか。

厳しい言い方ですが、わが子の誕生を前にして離婚を覚悟していたとは、なんと子どもにとって酷な話でしょう。

このお母さんにもつらい選択だったと思いますが、子どもがこの事実に気づいた時の痛みは、自分の存在すら否定してしまいたいほどの絶望感ではないでしょうか。

「俺なんか、親に望まれてこの世に生まれてきた人間じゃないんだ」。

この叫びは親の願いばかりを押しつけられてきた子どもが、相談室でよく発する言葉です。子どもは自分の誕生の経緯については実に無力なものです。

だから親の思いをいくつになっても確かめたい気持ちが、危機的な状況ほど働くものです。親は自分の誕生を心待ちにして願っていたのか、そこに本当に両親の愛があったのかを子どもの不安な心は知りたがるのです。

しかし一瞬でも愛があったから子どもは誕生できたのです。少なくとも母親の「産みたい」という決意がまったくないところに子どもの誕生はあり得ません。この決意が子に向ける母親の思いの強さになり、時に独り善がりにもなるのです。

自分のなにか満たされない思いの埋め合わせに、わが子を〝利用〟してしまうこともあるのです。

夫婦関係の溝から起こるこの満たされない思いを、自分の手もとにわが子を引きつけておくことですりかえてはいけません。

別れた夫や妻への意地で子育てをしていくことは往々にしてあるものです。そしてそれが親子関係の確かな絆作りになることもあります。

しかしあくまでもそこの出発点にあったのは、夫婦関係の歪《ゆが》みだったのです。

そこを謙虚に振り返って、今、ここに生きている子どもの本当のしあわせとはなにかを冷静に考えることが、親を親として子どもが受け入れていく道筋になるのではないでしょうか。

冷静とは子どもの笑顔を消さないように努力することです。親の不安や不満をわが子のしあわせ、人権擁護を楯に誤魔化さないことですね。

13．誰にも弱点がありますよね

私は「話をしすぎる」ほうで、人に話すスキをあたえないところがあります。

夫も私に輪をかけて話すタイプで、子ども達は大変だと思います。ただ聞くという努力を私もしていますが、ストレスがたまるのでなにかにつけて「～しなさい」と言いたくなります。

それに私は夫や子どもの言葉や態度にふれると、トゲや毒を含めたような言い方をしてしまいます。

自分を成長させるにはどうしたらいいのでしょうか。

（四十歳・母親）

何がどうなってどうすればいいのか、みんなお分かりなんですよね。だけど頭で思うようにはいかない。だから自分がはがゆい気持ちになられているのではないでしょうか。

でもそのじれったい、時には自分の心を持て余してしまう。その気持ちを投げ出さないで引きずっていく努力が、人間としての成長につながると私は思います。

子どもが親に学びたいのは完璧な人間になることではなく、反省をあきらめないで、周囲に負担を与えた時は、素直に「ごめんなさい」「ありがとう」と言える人間になることではないでしょうか。

とにかく会話のあることに喜ぶべきでしょうね。

それが家族全員にとって〝快話〟になっているかは次のテーマだと思います。会話するには、腰を上げて相手に理解を求めていくエネルギーがいるからです。

そこには否定される、嫌われる可能性も抱えています。言っても仕方がないと思ったらわざわざ話したりしませんよね。だってエネルギーの無駄づかいになるからです。だから話すことに「すぎる」ことはないのです。

ただそれが家族の中で特定の人だけとなると、これは少し「話しすぎる人」が独り善がりになっている可能性があります。つまり、周りの人は理解を求めてエネルギーを出していくことにあきらめているか、「いい子」になることでバトルするしんどさから〝楽〟していることも考えられます。

このお宅の場合、ご夫婦は言い合っていればそれなりに分かりやすい人間関係もできていいかもしれませんが、周りの子どもは置いてきぼりになって人とつむぎ合うことに脆《もろ》くなる心配があります。

ただ両親にあきれていても、他でつむぎ合う人間関係を持っていればそれはそれなりにたくましく成長していくと思います。まあ親より子どもの方が大人という話ですね。後に子どもから見限られるのが寂しいようなら、たまには夫婦で言い合っている時にわが子の顔をみて「大人気ない」自分達を反省し、「ごめんなさい」とあやまっておいた方がいいでしょうね。そしてまた話し足りないようならまた別の時に始めればいいのです。その繰り返しがきっと〝快話〟を生むと思います。

ところでみんな人は弱点を持っていますが、それをあまりに意識すると自己否定的になって隠そうとし防衛的になります。

するとそんな自分を見透かされたくないので、とかく早口になって相手の割り込みを防いだり話し続けて〝勝手〟に切り上げてしまうものです。

また弱点を指摘される前に早目にトゲや毒のある言葉で相手の弱点を突いて、後でしょげ返っているんですよね。

まあ、それも可愛いと言えば可愛いものですが、損ですね。弱点はみんな持っているものです。

14. 私はあなたの〝ママ〟、あなたの〝妻〟
そんな腰の据え方も大切に

四歳のひとり娘とパパは本当の親子ではありません。子どものためによいと思い、私から頼んでパパになってもらいました。ところが一年経って、娘はパパと留守番ができずママの私は困ってしまいます。

パパは娘に、前のパパとどうして別れたかをはっきり言ってほしいと言います。

本当のパパが暴力的だったことをはっきり言って、娘に悪い影響はありませんか。私は今のパパが大好きなので、これからも一緒にいたいです。

パパも私に子どもがいることを承知でつき合い始めてくれました。

前向きに考えるにはどうしたらいいのですか。

（二十九歳・母親）

ちょっと分かりにくい言い方になってしまいますが、あなたはひとりの女性です。もちろん母親でもあります。

そして娘からあなたをみれば女性の前に母親です。

再婚した夫はあなたにとって男性としての魅力を持った方でしょうが、パパとしての自覚を願って結婚したと思います。

子どもと今ひとつうまくいかないパパに、なにか女性としての自分から離れていく不安を感じて「ママ」であることに戸惑っていることはありませんか。

今のパパは、娘と共に現実を生き抜こうとしていたあなたに心を寄せていたことをもう一度思い出してください。

パパにはママとしてのあなたが揺れてみえるのではないですか。

相談料まで支払って相談室を利用する民間のカウンセリングルームで、当たり前にある〝世間〟の相談室では見えないケースと出会うことがあります。言葉としては品性に欠けますが〝最先端の悩み〟というわけです。分かりやすい表現をすれば〝常識外れ〟と叱られてしまいそうな相談です。

一般化すれば悩みとして〝特別視〟はされません。

彼女はシングルマザーでした。

今、私の相談室にもかつての〝母子家庭〟という暗いイメージではなく、シングルマザーと少し〝おしゃれ〟な表現になった「父親を持たない子を持つ母親」が来室してくるようになりました。

その中心層は三十歳代後半から四十歳代前半で、多くは思春期の子を持つシングルマザーです。彼女達の生活基盤は比較的安定していますが、悩みは「父親の存在」をあらためて子どもから問われていることです。

父親とは父性性ということです。現実の困難に立ち向かっていく厳しさ、力強さを

「父親」をモデルにして学んでこなかったという訴えです。

だからマザーに比べて、子どもは父親に父性性の期待を強く持っています。分からないだけに父親へのあこがれもあります。

マザーの発揮していた父性を〝八つ当たり〟くらいにしか思っていないのです。肩ひじ張った父性といってもいいかもしれません。

今、来室するシングルマザーの子には、父親を生まれもって知らないというケースは稀です。

わずかでも父親の〝影〟はあります。だから今が順調に運んでいれば父親を探したりはしませんが、闇に襲われると〝ルーツ〟を求め先への展望をえがくのです。

この様子をみて、マザーは親権を放棄した父親に「父親の役割」を期待しているのです。もちろん来室してくるマザーはその期待が叶わなかった場合がほとんどです。

男女雇用均等法世代でもある相談者の女性は、そんな将来を予想して今の連れ合いに「パパになってもらった」のでしょうか。そして同時に「子どものためだけに生きたくはない。女性としてもエンジョイしたい」との思いも強いのではないでしょうか。

もちろんそれが悪いとは思いませんが、ママとしての自覚をもう一度見つめてみることが、パパと娘の不安を軽減することになると思います。

ところで生まれもって父親を知らない子ども達が誕生している昨今、これから十数年後どんな相談がくるのでしょうか。

15. 時と場が変われば「世話にはならない」と言えない「お互いさま」の関係に気づいて

私は今年の夏から退職し年金生活に入る身にもかかわらず、三十歳の長男をいまだ自立させることができない愚かな父親です。
また社会の原則にしたがって結婚した長女は一年もたたないうちに離婚し、老いたえていく両親のところに戻ってきてしまう体たらくです。
私達家族の歩んできた歴史の結論がこれかと思うと、神仏にすがっても救われない思いです。
私は寄生虫のごとく親を食い物にする二人に、いかに対応したらよいのでしょうか。

（六十歳・父親）

一生懸命に仕事に家族に取り組んでこられたのでしょうね。欲もかくことなく人並みであればいいと、妻や子ども達にも言い聞かせてきたのではないですか。

しかし一人ひとりいろいろな事情を抱え社会の中で生きています。もしかしたらそれはお父様だけが納得、確信していた〝独り善がり〟の価値観だったかもしれませんね。

今こそ時間を取って互いの事情を察し、家族になることの難しさと尊さを確認し合う時ではないでしょうか。

何が幸せか、不幸か本当に人の見方によって違うものです。それはその人の置かれている状況によっても変化していくものであるからです。

精神的、あるいは経済的にゆとりをなくするような環境にあれば、どうしても自己中心的に物事を考えて、周りへの配慮はゆきとどきません。自分が困らないように、不安を持たなくてもすむように世の中が動いてほしいと思うものです。

そしてそれは自分だけではなく関係している相手も同じ気持ちを持っているわけです。もちろんそれを口にするかしないかは別問題です。

よく日常的に使われる「お互いさま」とはそんな意味が込められている言葉ではないでしょうか。

少し嫌味っぽく言ってしまう時は「がまんしているのはあなただけではないのですよ、気がつきませんか、お互いさまですよ」といった悔しい思いがあります。

反対に感謝の気持ちがつのれば「なにを水臭いことを言うのですか。かつて私もずいぶんとがまんさせてしまいました。お互いさまです。持ちつ持たれつの間柄じゃないですか」と孤独から解放される優しい言葉が口から出てしまうものです。

明日はあてにならない身の上、どうせ生きるなら優しく生きたいものです。

ところがどうしたことか家族ほど、自分にゆとりがなくなると、お互いさまの心に鈍感になって、がまんができなくてわがままな言い方を時にしてしまうことがあります。でもそれは他人事にできない関係にあるからです。苦楽を共にする関係を自覚しているからこそです。

このからくりが皮肉にも、一番瀬戸際な時に気づきにくいものです。

職が決まらない長男。離婚し消沈して帰ってきた長女。

もしかしたら二人とも親に心配かけまいと、強気な言い方をして平静を装っているかもしれません。

「フリーターって言葉を知らないの」「バツイチも死語になるシングルの時代よ」と価値観の様変わりを言うかもしれません。そしてそれも事実なのです。

しかし家族という関係がある以上、親の暗い表情に無関心でいられるほど、子ども達は冷めてはいないものです。まさに「お互いさま」なのです。

16. ウソつくことで〝いい子〟していませんか

私は中二の女子です。今、親が離婚しそうなんです。そのことが本当だったら怖いので親に聞けません。

この頃、兄と弟と私と母はいらついています。みんな口にはしませんがきっとそのことです。

私は友達関係のことでもうまくいっていません。親に相談したくても親も困っている状態だから相談できません。相談できないから親にウソをついて「平気だよ」という顔して明るくしています。

（中二・女子）

大切な家族を失いたくないというあなたの優しくて尊い気持ちが伝わってきます。

離婚が現実になることへのおびえもありますよね。

そうするとトラブルが起きないように、気持ちに反してウソもついてしまいます。

でもね、ウソを重ねていくと正直な気持ちを語る勇気を低下させてしまい独り善がりの推測の世界に迷い込んでしまいます。

不安を両親にたずねてみる勇気も大切です。もし不安が的中したら、あなたの正直な気持ちをまたそこで思いっきり両親にぶつけていけばいいのです。

その勇気こそあなたの一生の〝宝〟になることでしょう。

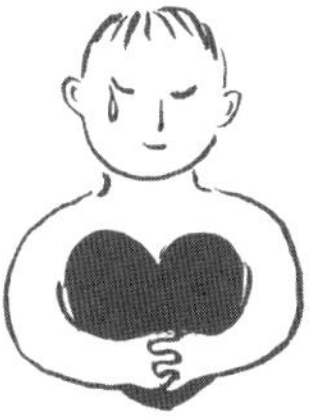

ある別の中学生の少女が私の相談室で母親にこう言ったことがあります。

「お母さん、たしかにウソをついた私も悪いけど、つかせた責任の一部はお母さんにもあるんだよ。だって本当のことを言ったらお母さんはすぐ怒るんだもの」

親も自分の将来が不安になると困るので打ち消したくて怒るんですね。

それはそれとして、人は都合の悪いことを隠すためだけにウソをついているわけではないのです。

まずは本当の不安やその気持ちを話して、聞いてほしいだけなんですね。

そうすれば現実を現実として受け入れ、背負っていけるのです。

ところが、否定してもいいけどその前にわずかでも聞いてもらえる時間を取ってくれないと、話す意欲がなくなってしまうのです。

まして子どもは大人に比べて経済的にも社会的にも表現することについても〝気後れ〟しやすいものです。それは大人から見れば逃げに見えるかもしれませんが、否定から肯定にもっていく踏ん張りは子どもにとってかなり負担なものです。

だから幼い頃から、とりあえず誰かに本当の気持ちを条件なしで聴いてもらえた、という体験が必要なのです。この肯定感が希薄だと、踏ん張りがきかなくなりウソをつき、現実と向き合うことから逃げやすくなるのです。

否定的状態を肯定的な見方にもっていくためには、「正直な気持ちをぶつけていけば人はなんとか分かり合えるものだ」という幼い頃からの歴史の積み重ねが大切です。

そこをおろそかにしていくと、都合の悪い状況を抱えた時、不安を必要以上に隠し「いい子」で振る舞い、現実逃避してしまいがちです。

厳しい言い方をすれば「いい子」でトラブルが起きることから〝楽〟しているわけです。また背負うべき現実を誰かに責任転嫁していくしたたかさを身につけてしまう可能性もあります。

いずれにしても、ウソに限らず現実逃避は推測の独り善がりの世界に身をおく〝癖〟をつけてしまいます。

相手を思いやっているようで、本音のところは、現実と向き合うことで起こるトラブルを避けている私の怠慢に気づきたいものです。

17・〝人格改造〟してまで〝いい親〟になろうとしていませんか

小二と幼稚園の年長児の男子の母親です。毎日がとても忙しく、心もトゲトゲしています。

それでも時々「かわいいなぁ」とわが子をじっとみていると「お母さん、どうしておこっとるん?」と言われてしまいます。

そんな時はとってもショックです。でも私は直そうとはしませんでした。

それは白か黒か、いいか悪いかをはっきりきめた方が〝楽〟だったからです。

そして周りの人々からは「よくしつけているね」と思われたかったからです。

(三十五歳・母親)

トゲトゲしている自分の心が分かる時は、やりきれない投げ出したい思いがつのってくるものです。

でもそれはそれで子を想う親としてのあなたの一途な願いの〝賜物〟です。

ただ子どもには、子どもなりの歩むペースがあり、それを親や周りの大人に伝える〝自立行動〟が大切です。その子どもの必死さが親にとってはショックな表現に思えてしまうものです。

悪気がないのはお互いさまです。だからあまり白黒きめつけないで大きな声を出したくなったら深呼吸するといいですね。

「どうしておこっとるん?」とわが子からノンキな顔で言われたりすると、思わず「ア

ンタのために怒っているのよ」と言ってしまいそうになるものです。

また連れ合いから冷静に「オマエなにをそんなにムキになっているんだ」と言われたら「だったらあなたが子育てしたら。私ひとりがムキになって〝損〟しているみたい」と言い返してみたくなるものです。

つまり一生懸命にわが身も忘れ、子育てに取り組んでいるからトゲトゲもするのです。だからそのトゲトゲは愚かなこと、恥ずかしいことではないのです。むしろ親であることを自覚している尊い心でもあるのです。

ところで親子関係に、子のない人はいても親のない人はいません。その親をどうして私達は自分の親と決めたのでしょうか。紙に書かれた証明や血液型、周りの人からの指示で「あの人が自分の親である」と確信したのでしょうか。私はそんな単純なことではないと思います。

子どもである自分がみじめで、どん底に落ちてしまったり、誰からも相手にされず、時には突きはなされてしまいそうに心細くなっている時に限って、言い方はそれぞれでしょうが「どうしてお母さんを困らせるの」と怒ってきたり、「なぜお父さんに言ってくれなかったんだ」と、ムキになってまで自分に声かけてくれたお父さんがそこにいたからではないでしょうか。一番誰かとつながりたい時に「私がおまえの親だ」と何度も何度も言ってくれたからこそ、その人を「親」として決めたのではないでしょうか。

だから誤解を恐れずに言えば、親子の関わりにおいて、子どもは〝トゲトゲ〟もしないような冷めた心の親では「自分の親」であるという確信を得られないということです。ただ、その一生懸命さの中には、子どもの前途が親の前途になるという親の不安がいつもあるということを忘れないでほしいのです。

だから世間の目を気にして、他人から後ろ指を指されないようにと親の枠に子をはめ必死にもなるのです。すると子も、自分らしさをみつけるために、必死に「クソ母《ババ》親《ア》！」とも言うのです。そのことさえわきまえていれば無理して自分を〝人格改造〟する必要はないのです。

18・それがあなたの使命です。弱気になっていませんか？

私は人をすぐ信じて手痛い思いをしてしまう五十代なかばのいい年齢したおばちゃんです。

嫁いだ二人の娘達も、定年すぎて目的もなくぶらぶらしている夫もそんな私にあきれ、話し相手になってくれません。

私はそれでも構いません。

やらなければならないことがいっぱいあります。

下り気味の話やそんな人を見ると腹が立って、つい余分なことをペラペラしゃべるので嫌われます。でも構いません。まっすぐに生きたいだけなんです。

これはよくない〝癖〟ですか。


（五十六歳・女性）

自分にふりかかるすべてのリスクも承知で、二度とない人生をまっすぐに生きたいと突き進むあなたが私にはまぶしく、そしてとってもいじらしく思えます。

本当にその行動がよかったのか悪かったのかは、百年後まで待たなければ分からないかもしれません。いや物差しが異なれば永遠に解明できないことでもあります。

やっぱりその場の結果を背負うことが覚悟できたら、自分の信じたことをやってみることです。それがあなたらしさだと思います。

〝癖〟と思っていらっしゃるなら、腹が立った時、相手の頭のハエを追うよりも自分の頭のハエを払うことですね。

私は十九歳で静岡県藤枝市から出てきて東京の多摩にある印刷工場に就職しました。もう三十年前になります。

その時、ある寂しさもあって市民運動と出会い、私は〝都会人〟に仲間入りできました。そしてそこの代表の女性が〝とんでもないおばちゃん〟でした。

田舎に育ち、中学卒業後から就職した組織人の私にとって、そのおばちゃんの〝まっすぐ〟さが人騒がせな常識を欠いたわがままに思えたものでした。

しかも年齢不詳とはいえ間違いなく還暦を迎えるだろう〝いい年〟したおばちゃんでした。

私はそのおばちゃんから〝ぼくちゃん〟とからかい半分で呼ばれていました。からかいとはいえ、そう呼ばれることに私は悪い気がしませんでした。

おばちゃんは一般社会では〝常識〟としてあきらめすませてしまうようなことを、まるでタンカを切るように〝非常識〟に言い変えてしまう人でした。

そんな時、私が「あの、そうは言っても…」と問い返すと「ぼくちゃんはぼくちゃんだね。そんなこと言ってたら何も変わらないよ。だってね…」と時間を忘れて原点を語ってくれたのです。

私は「これが大都会、東京人なんだ」とおばちゃんのパワーにすっかりひかれ、「ぼくちゃん」と言われるとホイホイと、四年間も〝危険〟をかえりみずいろいろなところにお供させていただきました。

おばちゃんの作る人間関係は〝純〟を語る一方で、なんとなく〝処世術〟もにおって「まっすぐでない」といって私はずいぶん反発しました。

しかしそのたびに「信じて手痛い思いをしてきた」人生のもろもろを聞くことになりました。そして、それでも人間の崇高なるものを捨てきれずに生きてきた、いじらしい気持ちも知りました。

自分の求める心を奮い起こすためにも「ペラペラ」としゃべってうるさい人間と言われながらも、孤独を覚悟し生きてきた一コマ一コマも立ち話的にうかがいました。

おばちゃんには多くの人が近づき、そして去っていきました。反対におばちゃんも次々と人とケンカし、別れてはまた新しい人を求めて行きました。

寂しければ人を求めていけばいい、日本人だけでも一億回の出会いがある。一生かけてもそんなに出会えないから寂しくなんかない、という強気なおばちゃんでした。

そしておばちゃんから離れて十五年後、葬儀の日に出会ったかつての仲間は五人くらいでした。そしてその時初めて、それまで語ることのなかったご家族とお会いしました。

おばちゃんの人権意識は高く、その運動は後に国家間の問題にまでなった人道的なものでした。

おばちゃんはその運動を家庭に持ち込むことはなかったようです。家族も、家にいる時間よりもその運動の事務所にいる方が長かったおばちゃんを、とやかく責めたりはしなかったようです。

19．悩みや迷いは前向きな姿ですよ

私は繰り返す過ちに悩んでいる三十歳代後半の母親です。外見の穏やかさとは違い感情のコントロールができずに、四歳の長男を一歳の頃から叩いています。

長男は、今度こそ優しい家庭を作ろうと〝勇気〟を出して産んだ長女の面倒をみさせてくれません。そしてまた長男を叩き、はねのけてしまいます。

義父母と同居していましたが、ケンカする毎日に疲れ、今は別居。

夫と子ども二人、私の四人家族ですが、寂しくて不安でたまりません。

（三十七歳・女性）

まず過ちと自覚されているあなたに、今後への期待と可能性を持ちました。困るのは過ちを繰り返すことも重大なことですが、それよりも、そのことに問題すら見出せない無頓着さと、気づいても「悩み」としてしっかり抱え込んでいかない無責任さです。

だから迷いは自分の人生の課題と向き合い、途中であきらめないと決意している努力の証であり、前向きな姿です。

そんなあなたの正直さに自信を持ってくださいね。

長男には「気まぐれ」な母親の自分を語りつつ、あなたを求める長男の「わがまま」もせめて聞くだけでもいいから聞いてあげてくださいね。

同じ過ちを重ねていても平気な人と、自責の念にかられつつも、やっぱりまた繰り返してしまう人がいます。結果をみればどちらも同じです。

しかしそのプロセスには多少の違いがあるようです。

もともと過ちそれ自体に認識がないことを別にすれば、平気な人も初めはその過ちに痛みを感じていたのです。あらためようと心が動き出したこともあったと思います。ところがまた重ねた時、周りや自分自身までもが、あらためようとする自覚が足りないんだ、自分に甘いんだ、といってそのことと向きあうことを投げ出してしまうと、それっきりになってしまうのです。

それでは「平気にならざるを得なかった」気持ちを深く理解したことにはなりません。平気になったのはその過ちがその人のすべてだと受け止めてしまったり、みていく状況の中で「報われなさ」が無視されたからです。

無視されれば人の心に思いを寄せる余裕はなくなり、自己愛という自分勝手な世界に入り込むしかなくなります。

捨て鉢、自棄というはずみをつけてまでしてです。過ちに痛みを感じていく心と向き合わないであきらめていくのです。それが過ちに対して鈍感、無頓着、平気となるのでしょう。

だから「私の子を私が叩いてなぜ悪いの。どうせ子どもがグレたりしたら最後は親の子と言われるのでしょう。他人の子に責任を持ってくれるならいいけど、持てないくせにとやかく私達親子のことに立派な口をきかないでよ」と意気まいて、平気で子どもを叩いている人がいたとしても、その人の「報われなさ」を気長にすくいとっていくことが過ちへのめざめ、自覚になるのです。叩いていることがその人のすべてではないというまなざしを、周りの人はその人から問われているのです。

叩く事実を肯定できませんが、叩いてしまう気持ちを肯定することで、その事実を背負い、悩み、迷い続ける努力を支えることができるのです。

その支えがあればこそ、生まれる自責の念は次なる「自分の弱さに逃げ込まない」という課題への第一歩となるのです。

20・存在そのものが生きるメッセージ

私は、周りの人達から精神的な病と言われるような悩みを持っています。高校三年からずっと薬を飲んでいますが、あまりよくなりません。一緒に卒業した友達は、その後ほとんど大学に進み、今は公務員や会社員になっています。

私は進学も就職もできずに、助けるべき親に助けられて、毎日をただ無意味に生きています。

何ひとつ叱りもしない両親を見るとつらくなり、死を考えてしまいます。

弱い人間です。

（二十三歳・男性）

これまでにどんな経緯《いきさつ》があったかは分かりませんが、まず力強く今日も生きているあなたに、私は独り善がりかもしれませんが、それだけで多くを学び人の生き方を教えられました。

きっと、その苦悩は誰もが必ずいつかは迎える死にも似て、突然の訪れであったでしょう。それを逃げることなく現実生活の中で受け止め、希望を捨てていないから力強いのです。

無意味と思えてしまうのも、意味ある自分の存在をしっかり見つめているからこそです。

それでも「弱い人間」と自己に厳しいその心を、多くの人に伝えるために、あなたはこの世に存在しているように私には思えます。

カウンセリングの働きの中心は、個を生かすことだと私はとらえています。それはいかなる過去と現在を生きていようとも、死が訪れるその日まで生き続けてほしいという願いがカウンセリングにはあるからです。

すべての苦悩は人生の課題であり、そこを生き抜いていくことが人が人として存在する意味を持つことなのです。その自覚が人権マインドです。

たとえば、罪深い行為を起こし他者に悲しみを与えてしまった人であろうとも「生き続けること」で、その苦悩を万人の課題として背負う存在価値が生まれるのです。

苦悩を抱えたことは「人は失敗も過ちも起こしてしまう、完璧な存在ではない」ということを認めたことであり、その上でどう生きていったらいいのか、その「はじめの一歩」を踏み出したことになります。

仮に苦悩の自覚がないとしたら、それは人間にとってもっと深く見つめなければならないテーマとなります。

苦悩を抱えた人こそ、救われなければならないのです。

なぜなら、その苦悩をいつ抱えるとも分からない身でいる私達が今、ここに立っているからです。それゆえ、他者の苦悩を他人事として評論に終わらせるわけにはいかないのです。悩み、苦しむ人が救われることが、この私が救われることになるのです。いかなる人も「生き続けている」、それだけで存在価値があるのです。その歩み方が、その人ひとりで終わらないのです。必ず他者に「学び」という形で影響を与えるのです。

だから私達は他者の死を前にして、いかなる人に対しても「○○さん、ご苦労さまでした。お疲れさまでした」と他者の学びのために、自ら苦悩を背負ってくれた人に、ねぎらいの言葉をかけるのではないでしょうか。

だから「死」は残されたというか、今、ここに息づいている人の「学び」を通して「生」きかえるのです。

個を生かす人権とは、個の存在を条件なしで肯定することです。極端に言えば存在そのものが他者の「学び」として意味を持つのです。

〔おわりに〕差異《ちがい》を分かちあってこそコミュニケーション

人は他者と絡み合ってこそ〝差異《ちがい》〟を認め、等身大の自分を見つけることができると思います。だから人間関係の希薄な社会はとかく独り善がりで自己否定的にもなり、人権についても鈍感になりがちです。

見た目の〝品〟の良さにしては内心ではコンプレックスのかたまりで人の目（評価）が気になり、鼻もちならないプライドで時に差別的でもあったりします。だからこそ、露《あらわ》にならないように当たり障りのない暮らし方にスライドしていきます。そのために自己肯定感は遠退き、人間不信ばかりがつのってきます。

人は深く分かり合うためにケンカもするのです。そして互いの〝差異《ちがい》〟を分かちあい「みんないっしょだね」と肩の力を抜いて歩んでいきたいのではないでしょうか。

開かれた人間関係とは〝差異《ちがい》〟を認め合うために、絡み合うことをあきらめない、投げ出さないことです。そのコミュニケーションスキルを支えるものとして、私は人権マインドを相談室から提案してみました。さまざまなご意見があろうかと思います。ぜひ、その想いもいただきながら今後の私の相談活動に生かしていきたいと思います。

刊行にあたり、相談事例は匿名として事の真意を損なわない範囲で若干、脚色しました。連載原稿からの転載を快く承諾してくださった「月刊解脱」編集担当の中江サチ様に感謝申し上げます。

また、人権と家族カウンセリングについて、その出版の切っ掛けとなったのは石川純子さんとの出会いでした。石川さんは社会教育関係の啓発活動を援助する団体にお勤めの方です。そのお仕事を通して、私は石川さんから人権啓発のプログラムの中に家族カウンセリングのお話をさせていただける機会をすすめていただきました。そして、その頃から人権啓発活動を市民レベルでしている方々と、接する場を自らも積極的に求めていきました。

その中でやはり、足元である家族の人間関係に人権マインドをもっと普及しなければば、という思いを強く持つようになりました。それが本書の誕生の経緯《いきさつ》とも言えます。

さらに人権を人間関係とする自分の相談活動の方向性に少しでも確かなものがほしくて、大阪市にあるいくつかの人権啓発機関も訪ねて行きました。そしてやっぱり家族と人権を語りたくなったのです。

縁なき衆生は度し難し、と言いますが、求める気がなかったら出会いは生まれません。これからもつむぎ合う心を大切にして、カウンセリングの将来を見つめていきたいと思います。

最後に厳しい出版状況の中にも関わらず、私の意図にご支援いただき刊行への労をとってくださった北水社長の片山育子さんに、心からお礼を申し上げます。

合わせて刊行の「人権マインド（2）　めざめと自覚のカウンセリングマインド　人に子どもに光あれ」もご一読くだされば幸いです。

二〇〇三年七月六日

富田富士也

シリーズ・人権マインド(1)
家族カウンセリングから学ぶ　人権マインド
2003年9月18日　初版発行

著　●富田《とみた》　富士也《ふじや》
絵　●三木《みき》　令子《れいこ》
発行者●片山　育子
発行所●株式会社　北水《ほくすい》
印刷／製本●青森コロニー印刷

〒101-0061東京都千代田区三崎町3-6-15東和ビル
TEL 03(3264)4604　FAX 03(3262)2404
http://www.k-hokusui.co.jp
mail@k-hokusui.co.jp
郵便振替・00120-6-10244

ISBN4-939000-56-7 C0037 ¥1500E